Diretores (Main Editors)
João Rui Pita e Ana Leonor Pereira
Universidade de Coimbra

Os originais enviados são sujeitos
a apreciação científica por referees.

Coordenação Editorial (editorial coordinator)
Maria João Padez Ferreira de Castro

Edição
Imprensa da Universidade de Coimbra
Email: imprensa@uc.pt
URL: http://www.uc.pt/imprensa_uc
Vendas online: http://www.livrariadaimprensa.uc.pt

Design
Imprensa da Universidade de Coimbra

Imagem da Capa
Reprodução parcial de quadro de Pedro Freitas(1953-2016)
intitulado "A biblioteca".
Coleção particular

Infografia
Bookpaper

Impressão e Acabamento
KDP

ISSN
2183-9832

ISBN
978-989-26-1311-6

ISBN Digital
978-989-26-1312-3

DOI
https://doi.org/10.14195/978-989-26-1312-3

Depósito Legal
456049/19

Obra publicada com a colaboração de:

2

Os volumes desta coleção encontram-se indexados e catalogados
na Base de dados da Web of Science.

VICTORIA BELL

A receção da penicilina em Portugal na literatura médico-farmacêutica e na imprensa diária

(anos 40-60 do século XX)

IMPRENSA DA UNIVERSIDADE DE COIMBRA
COIMBRA UNIVERSITY PRESS

• COIMBRA 2019

SUMÁRIO

A RECEÇÃO DA PENICILINA EM PORTUGAL NA LITERATURA MÉDICO- -FARMACÊUTICA E NA IMPRENSA DIÁRIA (ANOS 40-60 DO SÉCULO XX)

Resumo: A descoberta da penicilina e a sua introdução na terapêutica veio alterar por completo o prognóstico do tratamento das doenças infeciosas modificando o percurso da medicina e salvando inúmeras vidas Foi uma das descobertas científicas mais mediáticas da história da medicina e constituiu o ponto de partida para a investigação de novos antibióticos. Portugal foi um dos primeiros países europeus, sem envolvimento direto na II Guerra Mundial, a obter penicilina para utilização na população civil. As boas relações diplomáticas existentes entre Portugal, Brasil e Estados Unidos da América (EUA) foram decisivas na obtenção do antibiótico para o nosso país. Médicos e farmacêuticos portugueses evidenciaram um grande interesse no medicamento. Desenvolveram importantes trabalhos de revisão, inúmeros estudos sobre a sua aplicação terapêutica e trabalhos dedicados a averiguar a qualidade do medicamento.

Abstract: The discovery and introduction of penicillin into therapeutics changed the prognostic of infectious diseases, altered the path of medicine and saved innumerous lives. It was a major discovery in the history of medicine and represented the starting point for research that led to the discovery of other antibiotics. Portugal was one of the first European countries, non-participant in the II World War, to obtain penicillin for civilian use. Good diplomatic relations between Portugal, Brazil and the United States of America (USA) were decisive in attaining penicillin for our country. Portuguese pharmacists and physicians immediately perceived the significance of the antibiotic and developed innumerous studies pertaining the clinical applications and quality of the antibiotic.

1. INTRODUÇÃO

A receção da penicilina no que respeita à sua investigação, sua produção industrial, sua aplicação clínica até à sua receção na literatura científica tem sido objeto de pesquisas em diversos países do mundo. Os estudos históricos sobre a penicilina têm ocupado diversos historiadores da medicina e da farmácia e sobre o assunto têm sido publicados livros, artigos científicos e estudos de natureza mais divulgativa.

A presente obra tem por base parte da investigação que realizámos sobre a receção da penicilina em Portugal nos anos 40 e 60 do século XX e da qual resultou a nossa tese de doutoramento "Introdução dos antibióticos m Portugal: ciência, técnica e sociedade (anos 40 a 60 do século XX). Estudo de caso da penicilina" (FCT - Bolsa de doutoramento - SFRH/BD/62391/2009) apresentada à Faculdade de Farmácia da Universidade de Coimbra. Este trabalho teve por objetivo estudar a introdução e receção da penicilina em Portugal nos 40 a 60 do século XX e compreender as repercussões que o antibiótico teve na medicina e na farmácia, tendo como pano de fundo diferentes contextos como o político, socioeconómico e científico. A circulação dos saberes científicos, as instituições envolvidas na importação inicial e os diferentes protagonistas foram objeto da nossa investigação. Propusemo-nos avaliar a aceitação da penicilina por parte da comunidade científica, estudar a divulgação do antibiótico na comunidade médica (clínica) e no sector farmacêutico. Recomendamos ao leitor a consulta da nossa tese de doutoramento para uma abordagem mais global do tema e para consulta de fontes e referências muito mais para além do que aqui está exposto. Para este livro foi feita uma seleção bibliográfica e foram adotadas na escrita e na estruturação da obra critérios ajustados a uma edição comercial sem perder o rigor científico.

A penicilina foi o primeiro medicamento antibacteriano e esteve na base de novas descobertas e produção de outros antibióticos. Como tal abriu uma nova etapa na terapêutica medicamentosa. As alterações impostas pela necessidade de produção de grandes quantidades de penicilina ocasionaram profundas alterações na indústria farmacêutica, quer a nível de dimensão quer a nível de organização interna. Os resultados obtidos pela terapêutica através da penicilina e posteriormente de outros antibióticos permitiram tratamentos ambulatórios a doenças onde anteriormente eram ne-cessários períodos de internamento longos.

Nesta obra fazemos referência à descoberta da penicilina e ao seu percurso até ser transformado em medicamento. Analisámos a importância da II Guerra Mundial no desenvolvimento da produção industrial do antibiótico e a relevância que a cooperação entre in-vestigadores, governantes e indústria farmacêutica de nações aliadas exerceu na concretização do projeto.

Portugal, embora sem envolvimento direto na II Guerra Mundial, manteve-se ao corrente das novidades científicas provenientes do estrangeiro. Constatámos que nesta matéria não havia isolamento relativamente ao que se passava além-fronteiras. Notícias relativas à descoberta de uma nova substância com propriedades antibióticas, a penicilina, foram desde muito cedo veiculadas na imprensa científica especializada e na imprensa generalista.

A partir de 1944 a penicilina passou a ocupar um local de desta-que no teor das informações veiculadas nas publicações científicas nacionais. Os trabalhos estrangeiros de maior interesse científico e clínico foram divulgados através da imprensa especializada. A cobertura do tema permitiu aos profissionais de saúde portugueses tornarem-se conhecedores de quase todos os aspetos relacionados com o novo antibiótico. A informação veiculada foi de tal forma vasta, sistematizada e esclarecedora que quando a penicilina chegou a Portugal, em 1944, os clínicos nacionais não tiveram qualquer dificuldade em utilizá-la e rapidamente incorporá-la no seu arsenal terapêutico.

A importação regular de penicilina em Portugal, a partir de Setembro de 1944, permitiu, além do tratamento de casos clínicos, a realização de importantes trabalhos científicos. Médicos e farmacêuticos portugueses evidenciaram um grande interesse no medicamento. Desenvolveram importantes trabalhos de revisão, inúmeros estudos sobre a sua aplicação terapêutica e trabalhos dedicados a averiguar a qualidade do medicamento. A Escola de Farmácia da Universidade da Coimbra, através dos seus Cursos de Férias, também revelou preocupação em informar os seus alunos e mantê-los atualizados sobre as propriedades e aplicações da penicilina, bem como sobre os métodos de preparação da mesma.

Com a dinamização da indústria farmacêutica portuguesa e o aumento do consumo de medicamentos, o número de especialidades farmacêuticas existentes no mercado nacional aumentou significativamente. A necessidade de as divulgar de modo fidedigno junto dos profissionais de saúde levou à publicação em 1956 do primeiro *Simposium Terapêutico*. No âmbito da normalização da produção de medicamentos, da padronização de matérias-primas e da instituição de procedimentos de garantia da qualidade de ambos é inevitável fazer-se referência à *Farmacopeia Portuguesa*. Estas obras, o *Simposium Terapêutico* e a *Farmacopeia Portuguesa*, com propósitos muito diferentes, contribuíram para valorizar os conhecimentos existentes sobre a penicilina junto dos profissionais de saúde portugueses.

Apesar de muitos outros antibióticos terem sido descobertos depois da penicilina, esta mantém o seu lugar de destaque entre os fármacos anti-infeciosos e é sem dúvida merecedora dos inúmeros estudos histórico-científicos que têm sido feitos sobre ela.

2. A DESCOBERTA DE PENICILINA EM 1928 E SUAS CONSEQUÊNCIAS CIENTÍFICAS E SANITÁRIAS

2.1. Introdução

A história da farmácia e a história da medicina apresentam marcos fundamentais que alteraram profundamente as ciências da saúde, a prática das profissões sanitárias e que tiveram repercussões sociais e económicas bem vincadas. A descoberta da penicilina, em 1928 por Alexander Fleming (1881-1955), constituiu sem dúvida um destes acontecimentos[1].

Apesar de toda a importância que a penicilina viria a exercer na medicina o seu valor não foi imediatamente reconhecido[2]; após várias tentativas falhadas de purificação a penicilina como agente terapêutico acabou por cair no esquecimento[3] até que em 1939 Howard Florey (1898-1968) e a sua equipa da Universidade de Oxford estudaram o fármaco e em 1940 comprovaram o seu potencial valor[4].

---

[1] Cf. Pereira, A. L., & Pita, J. R. (2005). Alexander Fleming (1881-1955) Da descoberta da penicilina (1928) ao Prémio Nobel (1945). *Revista da Faculdade de Letras*, 6, 129-151

[2] Cf. Hare, R. (1982). New light on the history of penicillin. *Medical History*, 26(1), 1-24.

[3] Cf. Hare, R. (1983). The scientific activities of Alexander Fleming, other than the discovery of penicillin. *Medical History*, 27(4), 347-72.

[4] Cf. Chain, E., Florey, H. W., Adelaide, M. B., Gardner, A. D., Heatley, N. G., Jennings, M. A., Sanders, A. G. (1940). Penicillin as a chemotherapeutic agent. *The*

Após a introdução da penicilina no arsenal terapêutico foram sentidas grandes alterações em muitos aspetos da vida quotidiana: notou-se um decréscimo mundial das taxas de mortalidade infantil[5]; a incidência de doenças passíveis de tratamento com antibióticos diminuiu em 40%; os hospitais deixaram de ser somente locais onde eram realizadas cirurgias e em que estadia era prolongada para passarem a disponibilizar um serviço onde eram prestados os cuidados adequados voltando depois os doentes para suas casas[6]. Toda a dinâmica do serviço hospitalar foi alterada, o relacionamento médico-doente encarado de um modo diferente, pela primeira vez as doenças infeciosas poderiam ser tratadas com eficiência e neste tipo de patologias passou-se de uma medicina em que, na generalidade, eram somente aliviados os sintomas para uma medicina curativa onde se eliminava a causa da enfermidade.

A utilização de fungos no tratamento de infeções bacterianas foi observada ao longo da história da medicina[7]. No entanto, Alexander Fleming, em 1929, foi o primeiro a sugerir que determinado fungo tinha capacidade de produzir uma substância com propriedades antibióticas[8].

Alexander Fleming, embora não sendo o primeiro a descobrir uma substância com capacidade de debelar infeções, foi sem dúvida aquele cuja descoberta, a penicilina, veio revolucionar este campo. Com a penicilina iniciou-se a era dos antibióticos[9] e a investigação

Lancet, *236*(6104), 226–228.

[5] Vieira, J. V. (1956). Um problema nacional - A mortalidade infantil I. *Boletim dos Serviços de Saúde Pública*, *3*(2), 199–219.

[6] Cf. Bud, R. (2007). *Penicillin Triumph and Tragedy*. Oxford: Oxford University Press, 99.

[7] Wainwright, M. (1989). Moulds in ancient and more recent medicine. *Mycologist*, *3*(1), 21–23.

[8] Wainwright, M. (1990). *Miracle cure - The story of penicillin and the golden age of antibiotics*. Oxford, 31.

[9] Queijo, J. (2010). *Breakthough - How the 10 greatest discoveries in medicine saved millions and changed our view of the world*. New Jersey: Pearson Education,

sistematizada para a descoberta de novas substâncias com capacidade de combater as bactérias[10].

2.2. A investigação pioneira de Alexandre Fleming

Alexander Fleming nasceu a 6 de Agosto de 1881, em Lochfield na Escócia. O seu percurso escolar foi semelhante ao dos seus irmãos, iniciando a escola primária com cinco anos, em 1886 em Loudoun Moor a 2 Km da sua residência em Lochfield. No seu trajeto diário para a escola Fleming aprendeu a observar a natureza, característica que desenvolveu ao longo da vida e que terá sido crucial na sua carreira de investigador[11].

Em 1895, com treze anos, foi estudar para Londres onde residiam dois dos seus irmãos mais velhos. Matriculou-se no Reagent Street Polytechnic School, frequentando um curso comercial, ao terminar os seus estudos, com dezasseis anos, foi admitido como administrativo numa empresa de transportes marítimos, a American Line sediada em Leadenhall Street.

Em 1900 Alexander Fleming alistou-se no London Scottish Regiment, um regimento de tropas voluntárias para combater na Guerra Boer (1899–1902). Em 1901 com a morte de um tio recebeu uma herança inesperada que lhe permitiu abdicar do seu emprego e prosseguir os estudos, matriculando-se em Outubro desse ano no St. Mary's Hospital Medical School para estudar medicina. Durante o curso foi distinguido com vários prémios académicos e quando se formou, com distinção, em 1906 foi convidado para ingressar o

---

Inc., 148.

[10] Schonwald, P. (1944). A New Era in the Fight Against Microbes. *Chest*, *10*(1), 41–46.

[11] Cf. Maurois, A. (1959). *The life of Sir Alexander Fleming. New York.* Oxford: The Alden Press, 22.

Inoculation Department do St. Mary's Hospital[12]. Este departamento era liderado desde 1902 por Almroth Wright (1861-1947), pioneiro no método de inoculação contra a febre tifoide e regente das cadeiras de patologia e bacteriologia St. Mary's Hospital Medical School[13].

Em 1914, após o início da I Guerra Mundial, Almroth Wright foi nomeado Tenente-Coronel do Royal Army Medical Corps e foi destacado para Boulogne-sur-Mer, França, para estabelecer um laboratório com a finalidade de estudar as feridas de guerra. Alexander Fleming, juntamente com outros investigadores do Inoculation Department, também foram destacados para Boulogne para assessorar Almroth Wright. O terrível cenário encontrado terá sensibilizado Fleming e contribuído para a descoberta da penicilina que depois realizou[14].

No decorrer dos trabalhos realizados em Boulogne-sur-Mer, Fleming e Wright, constataram que a utilização de antisséticos no tratamento de feridas infetadas era ineficaz e que, em muitos casos, provocava o agravamento da infeção[15]. Os antisséticos utilizados além de destruírem as bactérias contaminantes também destruíam os glóbulos brancos, interferindo com os mecanismos de defesa naturais[16]. Através dos seus trabalhos concluíram que as defesas naturais do organismo atuavam com maior eficácia nas feridas contaminadas que qualquer dos antisséticos habitualmente empregues[17] e que os leucócitos conseguiam combater algumas infeções desde que em nú-

---

[12] Brown, K. (2013). *Penicillin man. Alexander Fleming and the antibiotic revolution*. Gloucestershire: The History Press, 34-36.

[13] Colebrook, L. (1953). Almroth Wright-pioneer in immunology. *British Medical Journal, 2*(4837), 635–640.

[14] Bentley, R. (2009). Different roads to discovery; Prontosil (hence sulfa drugs) and penicillin (hence beta-lactams). *Journal of industrial microbiology & biotechnology, 36*(6), 775–86.

[15] Fleming, A. (1940). Discussion on the effect of antiseptics on wounds. *Proceedings of the Royal Society of Medicine, 33*(8), 487–502.

[16] Wainwright. *Miracle cure - The story of penicillin and the golden age of antibiotics, op. cit.*, 96.

[17] Fleming. Discussion on the effect on antiseptics on wounds, *op. cit.*

mero suficiente. Com a utilização de soluções salinas concentradas, Fleming e Wright, conseguiram aumentar o número de leucócitos no local da infeção promovendo a cicatrização da ferida[18].

Era difícil recriar em modelos animais feridas com infeções idênticas às que afetavam os feridos de guerra. Embora as infeções generalizadas pudessem ser reproduzidas no homem podiam tornar--se fatais[19] levando os investigadores a optar por modelos *in vitro* para testar novas substâncias. Fleming testou a eficácia das soluções antisséticas em diferentes agentes patogénicos. O investigador constatou a partir do resultado dos trabalhos realizados, que mesmo em concentrações suficientemente baixas para matar as bactérias, os antisséticos, interfeririam com a capacidade migratória dos leucócitos reduzindo o poder bactericida do sangue. Fleming testou todos os antisséticos empregues pelos cirurgiões da época e concluiu que era pouco provável que tivessem qualquer valor terapêutico.

Após a guerra Fleming foi desmobilizado do exército e regressou com Almroth Wright para o Inoculation Department no St. Mary's Hospital.

Em 1919 Alexander Fleming assumiu o cargo de Assistant Director do Inoculation Department do St. Mary's Hospital. Nas suas novas funções Fleming tornou-se responsável pelos projetos comerciais do departamento e o provável sucessor de Wright quando este atingisse a idade da reforma. A promoção para Assistant Director foi bastante polémica e gerou alguns atritos internos pois o cargo tinha sido prometido por Wright a outro investigador do departamento, John Freeman[20].

---

[18] Maurois. *The life of Sir Alexander Fleming, op. cit.*, 88.

[19] Hare. The scientific activities of Alexander Fleming, other than the discovery of penicillin, *op. cit.*

[20] Cf. Brown. *Penicillin man. Alexander Fleming and the antibiotic revolution, op. cit.*, 78.

A posição assumida por Fleming envolvia a gestão de todas as atividades comerciais do departamento de modo a reunir fundos suficientes para financiar os investigadores assim como as despesas de manutenção do departamento. Para além destas atividades comerciais Fleming também era responsável pela maioria da investigação do departamento. A produção de vacinas era uma das principais fontes de rendimento do departamento e Fleming para além de colaborar na sua produção também era responsável pela sua embalagem e etiquetagem. Uma grande parte do seu tempo estava ocupada em tarefas administrativas, que na opinião do historiador Ronald Hare[21] poderá ter contribuído para a sua falta de progresso nos trabalhos que se seguiram à descoberta da penicilina.

Em 1921 Fleming foi novamente promovido, assumindo o cargo de diretor do Department of Systematic Bacteriology do Pathological Institute do St. Mary's Hospital[22]. Foi também neste ano que o investigador fez a sua primeira grande descoberta científica, a lisozima. Algumas semelhanças entre a descoberta da lisozima e da penicilina sete anos mais tarde são evidentes[23]. Fleming ao observar uma caixa de Petri contaminada com secreções nasais reparou que as colónias de bactérias nas imediações do muco tinham sido lisadas[24], concluiu então que o muco teria uma substância que se difundia no agar e impedia o desenvolvimento das bactérias[25]. Como a substância tinha propriedades de uma enzima e lisava bactérias foi denominada, por

---

[21] Hare. The scientific activities of Alexander Fleming, other than the discovery of penicillin, *op. cit.*

[22] Brown. *Penicillin man. Alexander Fleming and the antibiotic revolution, op. cit.*, 79.

[23] Wainwright. *Miracle cure - The story of penicillin and the golden age of antibiotics, op. cit.*, 97.

[24] Lise é um processo de rutura da parede celular que resulta na morte da célula e libertação do seu conteúdo interno.

[25] Fleming, A. (1932). Lysozyme. *Proceedings of the Royal Society of Medicine*, *26*(2), 1–14.

Almroth Wright, de lisozima[26]. Nas investigações que posteriormente realizou, Fleming constatou que a lisozima estava distribuída em todo o reino animal constituindo um mecanismo de defesa dos organismos. Descobriu que a lisozima atuava principalmente em bactérias saprófitas mas que em alguns casos e em concentrações suficientemente elevadas poderia também atuar em bactérias patogénicas, que as bactérias facilmente adquiriam resistência à lisozima principalmente quando expostas a concentrações não letais e que existiam algumas diferenças entre a lisozima dos diferentes tecidos e das diferentes espécies animais[27].

A lisozima deu a conhecer um mecanismo de defesa totalmente novo do reino animal. A sua principal função era conferir proteção contra organismos presentes no ambiente, não patogénicos, mas que o poderiam ser sem essa proteção[28] e embora esta descoberta não tivesse tido o impacto e a importância da penicilina, foi decisiva para Fleming, pois alertou-o para a existência de substâncias antibacterianas que pudessem ter alguma aplicação terapêutica[29].

Em Outubro de 1928, Alexander Fleming foi nomeado por Lord Moran (1882-1977)[30] para regente da cadeira de bacteriologia. Sendo responsável pela lecionação desde a guerra, este novo cargo nada trouxe de novo às suas funções. No entanto, veio trazer-lhe mais estabilidade profissional, pois como professor não podia ser dispensado de forma leviana pelo diretor do departamento, Almroth Wright. Na opinião de Ronald Hare a estabilidade oferecida por

---

[26] Allison, V. D. (1974). Personal recollections of Sir Almroth Wright and Sir Alexander Fleming. *The Ulster Medical Journal*, 43(2), 89–98.

[27] Fleming. Lysozyme, *op. cit.*

[28] Hare. The scientific activities of Alexander Fleming, other than the discovery of penicillin, *op. cit.*

[29] Bud. *Penicillin Triumph and Tragedy, op. cit.*, 25.

[30] Charles McMoran Wilson, reitor do St. Mary´s Hospital Medical School e um dos grandes impulsionadores do seu desenvolvimento. Mais tarde foi médico de Winston Churchill.

este novo cargo foi possivelmente responsável pela resolução de Fleming em manter no seu artigo histórico no *The British Journal of Experimental Pathology*[31] o parágrafo onde sugeria que a penicilina pudesse ter algum valor clínico mesmo após Almroth Wright ter ordenado que fosse omisso.

Em 1928, Alexander Fleming encontrava-se a estudar culturas de estafilococos para escrever um artigo para o - *A System of Bacteriology* – um tratado de bacteriologia a ser publicado pelo *Medical Research Council*[32]. Ao observar caixas de Petri, com culturas antigas, reparou que uma tinha sido contaminada por um fungo. Nesta, as colónias de estafilococos à volta do fungo tinham-se tornado transparentes, tinham lizado[33].

O acaso presente em tantas descobertas científicas[34], associado a uma mente preparada, foi preponderante para o que seria uma das descobertas mais importantes da medicina do século XX[35].

Sabendo da importância de identificar o fungo Fleming pediu a C. J. La Touche (1904-1981), um jovem micologista irlandês a trabalhar no St. Mary's Hospital, para o fazer. Depois de analisá-lo La Touche identificou, incorretamente, o fungo como *Penicillium rubrum*. Milton Wainwright no seu livro "Miracle cure - The story of penicillin and the golden age of antibiotics"[36] refere que em 1945, La Touche escreveu a Fleming pedindo-lhe desculpa por ter identificado incorretamente o fungo. Dois anos mais tarde o mi-

---

[31] Fleming, A. (1929). On the antibacterial action of cultures of a penicillum with special reference to their use in the isolation of B.Influenzae. *The British Journal of Experimental Pathology, 10*(3), 226–236.

[32] Maurois. *The life of Sir Alexander Fleming, op. cit.*, 124.

[33] Fleming. On the antibacterial action of cultures of a penicillium with special reference to their use in the isolation of *B.influenzae, op. cit.*

[34] Dible, J. H. (1953). Chance, design and discovery. *Postgraduate Medical Journal, 29*(328), 59–64.

[35] Wainwright. *Miracle cure - The story of penicillin and the golden age of antibiotics, op. cit.*,24.

[36] Ibid, 25.

cologista americano Charles Thom (1872-1956) identificou o fungo como *Penicillium notatum*.

Após a constatação inicial Fleming reconheceu a necessidade de investigar pormenorizadamente o fenómeno observado. Para cultivar o fungo Fleming pediu a colaboração de Stuart Craddock[37] (1903--1972). Em conjunto dedicaram-se à produção um meio de cultura que permitisse o crescimento do fungo. Após várias experiências concluíram que o caldo de carne era o ideal para o fungo se desenvolver[38]. Ao cultivar diversas estirpes de bactérias neste caldo, Fleming verificou que, ao contrário da lisozima que atuava mais especificamente em bactérias saprófitas, a substância produzida pelo fungo inibia o crescimento das bactérias que causavam a maioria das doenças mais graves no homem[39]. Na opinião de Fleming esta substância, a que deu o nome de penicilina, poderia ter algum valor terapêutico[40].

Fleming pediu a C.J. La Touche várias amostras de fungos para testá-las quanto à sua capacidade de produzirem penicilina. Após vários ensaios Fleming concluiu que só o fungo original tinha essa capacidade. André Maurois na biografia "The life of Sir Alexander Fleming"[41] refere que o fungo que contaminou a caixa de Petri e levou à observação do fenómeno que culminou na descoberta da penicilina teria entrado pela janela do laboratório de Fleming. Ronald Hare no seu artigo "New light on the history of penicillin"[42] contraria esta observação, contrapondo que o fungo teria que ter outra origem pois a janela em questão era de difícil acesso e rara-

---

[37] Médico assistente no St. Mary's Hospital.

[38] Cf. Maurois. *The life of Sir Alexander Fleming, op. cit.*,132.

[39] Cf. Fleming, S. A. (1946). History and development of penicillin. Em S. A. Fleming (Ed.), *Penicillin: its practical application* (pp. 1–23). London: Buttereworth & Co., Ltd.

[40] Fleming. On the antibacterial action of cultures of a penicillium with special reference to their use in the isolation of *B.influenzae, op. cit.*

[41] Maurois. *The life of Sir Alexander Fleming, op. cit.*, 134.

[42] Hare. New light on the history of penicillin, *op. cit.*

mente se abria. Segundo Hare o fungo teria entrado pela porta do laboratório. Esta hipótese parece mais viável pois o *Penicillium* em questão existia no laboratório de C.J. La Touche localizado no piso inferior. A razão pela qual Fleming apresentou a versão descrita por Maurois, de acordo com Hare, deveu-se ao facto de estarem a ser selecionados os candidatos ao prémio Nobel e não ser dignificante para St. Mary´s a possibilidade de haver uma contaminação por fungos entre os laboratórios[43].

Depois de ter comprovado que o caldo em que cultivou o fungo tinha propriedades bactericidas, Fleming necessitava de extrair o princípio ativo do caldo, a penicilina. Como Fleming não possuía conhecimentos de química pediu ajuda a Frederick Ridley (1904-1977). Ridley era um médico recém-formado, a trabalhar no St. Mary's Hospital com alguns com conhecimentos de química. A pedido de Fleming, Frederick Ridley e Stuart Craddock tentaram purificar o princípio ativo produzido pelo fungo. O objetivo era obter um produto com pureza suficiente para ser administrado por via injetável[44]. Apesar de terem efetuado várias tentativas com este objetivo não conseguiram obter um produto estável e acabaram por desistir[45].

Em 1929, Alexander Fleming publicou no *The British Journal of Experimental Pathology* o artigo "On the antibacterial action of cultures of a penicillium with special reference to their use in the isolation of *B. influenzæ*"[46]. Neste artigo, bastante técnico, Fleming dá o nome de *"penicillin"*, penicilina, à substância produzida pelo fungo com propriedades antibacterianas e faz referência às suas potencialidades terapêuticas. Esta referência seria de crucial importância para desenvolvimentos subsequentes.

---

[43] Ibid.

[44] Maurois. *The life of Sir Alexander Fleming, op. cit.*, 134.

[45] Hare. New light on the history of penicillin, *op. cit.*

[46] Fleming. On the antibacterial action of cultures of a penicillium with special reference to their use in the isolation of *B.influenzae, op. cit.*

No artigo, anteriormente referido, são descritas as características do fungo, os métodos utilizados para pesquisar a substância antibacteriana em culturas, as propriedades físico-químicas da penicilina e são apresentadas duas tabelas onde estão descritas as estirpes bacterianas, patogénicas e saprófitas, inibidas pela penicilina. São também apresentados alguns estudos sobre a toxicidade da penicilina que, segundo Fleming, "aparenta ser muito baixa"[47], o que constitui uma vantagem sobre os antisséticos até então utilizados. No artigo é demonstrada, também, utilidade da penicilina no isolamento de bactérias, mais especificamente no isolamento do *B. influenzae*.

A importância histórica do artigo, no entanto, deve-se à afirmação de Alexander Fleming sobre a possível utilização da penicilina no tratamento de infeções bacterianas. Fleming sugere que a penicilina, aplicada ou injetada em áreas infetadas, poderá ser um antisséptico eficaz contra microrganismos sensíveis ao antibiótico. Este facto leva o autor a supor que a penicilina poderá ter algum valor terapêutico. De acordo com André Maurois em "The life of Sir Alexander Fleming"[48] e V. D. Allison, em "Personal Recollections of Sir Almroth Wright and Sir Alexander Fleming"[49], estas afirmações terão originado algum atrito entre Fleming e Wright, quando este ordenou que fossem suprimidas do artigo. Wright era defensor da teoria de que as infeções bacterianas só poderiam ser combatidas pelos mecanismos de defesa naturais do organismo e que só os tratamentos que estimulassem essas defesas teriam qualquer valor terapêutico. Segundo ele uma substância com as propriedades da penicilina não existia[50]. Fleming, apesar da sua admiração por Wright, não

---

[47] Ibid.

[48] Maurois. *The life of Sir Alexander Fleming, op. cit.*, 137.

[49] Allison. Personal recollections of Sir Almroth Wright and Sir Alexander Fleming, *op. cit.*

[50] Fifty years of penicillin (1979). *British Medical Journal, 1*(6171), 1101–1102.

cedeu e manteve as referidas afirmações no seu histórico artigo[51]. Milton Wainwright em "Miracle Cure - The Story of Penicillin and the Golden Age of Antibiotics"[52] sugere que as opiniões de Wright sobre a penicilina teriam contribuído para desencorajar Fleming em trabalhos subsequentes com a substância.

Ainda durante os anos 30 um outro grupo de investigadores, liderado pelo Professor Harold Raistrick (1890-1971), tentou isolar e purificar a penicilina. Harold Rainstrick, considerado um dos melhores químicos de Inglaterra e professor de bioquímica em Londres no *School of Tropical Medicine and Hygiene* associou-se com Percival Walter Clutterbuck (1897-1938), químico, Reginald Lovell (1897-1972), bacteriologista, e J. H. V. Charles (1887-1932), micologista, para tentarem isolar e purificar a penicilina. Através dos seus trabalhos conseguiram demonstrar que o fungo poderia ser cultivado num meio sintético mas a instabilidade exibida pela penicilina impediu que conseguissem extraí-la e purificá-la. Em 1932 publicaram um artigo na revista *Biochemical Journal* intitulado "The formation from glucose by members of the *Penicillium chrysogenum* series of a pigment, an alkali-soluble protein and penicillin-the antibacterial substance of Fleming"[53] onde descrevem os trabalhos que realizaram. Neste artigo os autores apresentam um meio de cultura sintético como alternativa ao caldo de carne utilizado por Fleming para cultivar o fungo e descrevem os métodos que utilizaram para tentar extrair a penicilina. Concluíram que a penicilina era uma substância facilmente inativada e lábil.

---

[51] Hare. The scientific activities of Alexander Fleming, other than the discovery of penicillin, *op. cit.*

[52] Wainwright. *Miracle cure - The story of penicillin and the golden age of antibiotics, op. cit.*, 26.

[53] Clutterbuck, P. W., Lovell, R., & Raistrick, H. (1932). Studies in the biochemistry of micro-organisms. The formation from glucose by members of the Penicillium chrysogenum series of a pigment, an alkali-soluble protein and penicillin-the antibacterial substance of Fleming. *The Biochemical Journal*, 26(6), 1907–1918.

James Howie, no seu artigo "Penicillin: 1929-40"[54] publicado no *British Medical Journal* é da opinião que a falta de sucesso da equipa de Raistrick na obtenção de penicilina purificada e a sua rápida excreção do sangue, associada à lentidão com que lisava as bactérias influenciaram Fleming e terão provavelmente contribuído para a sua aparente falta de interesse na penicilina durante os anos 30. O autor também apresenta como fator desencorajante o ceticismo da mentalidade científica da época nos antibacterianos. Esta teoria é parcialmente suportada pelo facto de o artigo de 1929 de Fleming ter sido divulgado no estrangeiro. Num resumo do artigo publicado em França, em 1930, apesar de ter sido feita referência que a substância encontrada por Fleming, a penicilina, era inócua quando administrada em animais de laboratório e que apresentava atividade contra diferentes estirpes de bactérias patogénicas[55], a curiosidade da comunidade científica estrangeira não foi suficientemente incitada para prosseguir e desenvolver os trabalhos iniciados por Fleming.

Com a descoberta do prontosil, as substâncias antibacterianas começaram a ser encaradas de modo diferente[56]. O prontosil foi descoberto em 1932 por uma equipa de investigadores da indústria química alemã I. G. Farbenendustrie sendo a sua atividade antibacteriana descrita em 1935 por Gerhard Domagk (1895-1964). Este medicamento, considerado o primeiro de uma nova classe de fármacos antibacterianos (sulfamidas)[57] contribuiu para alterar a mentalidade científica da época relativamente à utilização

[54] Howie, J. (1986). Penicillin : 1929-40. *British Medical Journal, 293*(6540), 158–159.

[55] Action antibactèrienne du Penicillium. (1930). *Revue D'Higiène et de Medicine Préventive, LII*(6), 487.

[56] Bud. *Penicillin Triumph and Tragedy, op. cit.*, 27.

[57] Lesch, J. E. (2007). *The First Miracle Drugs: How the Sulfa Drugs Transformed Medicine*. New York: Oxford Univ Press.

sistémica de fármacos no tratamento de infeções[58]. Em 1939 o Prémio Nobel da Medicina ou Fisiologia foi atribuído a Gerhard Domagk como reconhecimento pelo seu contributo na descoberta das propriedades antibacterianas do prontosil.

Embora a vertente terapêutica da penicilina não tivesse sido perseguida por Fleming ele utilizou-a com grande sucesso como agente seletivo em meios de cultura[59]. Desde muito cedo concluiu que algumas estirpes de bactérias não eram afetadas pela penicilina. Entre estas estava o *Bacillus influenzae* posteriormente conhecido como *Haemophilus influenza,* bactéria que foi durante anos considerada responsável por surtos de influenza. O *Haemophilus influenza* era difícil de identificar, quando cultivado crescia muito lentamente e produzia colónias pequenas e transparentes que com o crescimento de outras bactérias tornava difícil a sua visualização. Fleming tendo conhecimento que as restantes bactérias eram sensíveis à penicilina incorporou-a no meio de incubação produzindo, deste modo, um meio de cultura seletivo em que só se desenvolviam as bactérias que eram resistentes à penicilina, permitindo isolar com facilidade o *Haemophilus influenza*. No seu artigo de 1929 publicado no *The British Journal of Experimental Pathology* Fleming explica as propriedades da penicilina como agente seletivo em meios de cultura[60]. A descoberta deste novo meio de isolamento para além do valor científico também tinha valor comercial, pois ao conseguir isolar-se o *B.influenzae* e identificá-lo como agente responsável pelos surtos de influenza poderiam ser produzidas rapidamente

---

[58] Wainwright. *Miracle cure - The story of penicillin and the golden age of antibiotics, op. cit.,* 13.

[59] Hoeprich, P. D. (1968). The Penicillins, Old and New. *California Medicine, 109*(4), 301–308.

[60] Fleming. On the antibacterial action of cultures of a penicillium with special reference to their use in the isolation of *B.influenzae, op. cit.*

vacinas contribuindo para o aumento substancial do orçamento do departamento de Fleming[61].

Depois da penicilina Fleming estudou outras substâncias como possíveis agentes seletivos em meios de cultura. Uma dessas substâncias foi o telurito de potássio que tinha capacidade de inibir o crescimento de bactérias que não eram sensíveis à penicilina, como as bactérias do trato digestivo que se suspeitava serem responsáveis por muitas doenças. Fleming publicou o resultado das suas investigações no *British Medical Journal*[62] no entanto levanta-se a hipótese de eventualmente ter recebido qualquer contrapartida comercial desta descoberta[63].

Em Junho de 1934 o investigador americano Roger D. Reid do Division of Bacteriology do The Pensylvania State College submeteu à revista *Journal of Bacteriology* o artigo "Some properties of a bacterial-inhibitory substance produced by a mold"[64] onde retratou o resultado do seu trabalho de investigação sobre as propriedades da substância inibitória descrita por Alexander Fleming em 1929. Para o crescimento do fungo o autor utilizou o meio de cultura descrito por Raistrick e colaboradores em 1932. O ensaio realizado teve como objetivo ampliar os conhecimentos existentes sobre a substância descoberta por Alexander Fleming. Foram realizados ensaios para apurar a ação inibitória da substância em bactérias, o efeito da luz na produção da substância, a ação do oxigénio, hidrogénio e dióxido de carbono no crescimento do fungo e na produção da substância inibitória e o efeito da temperatura na estabilidade da substância.

---

[61] Hare. The scientific activities of Alexander Fleming, other than the discovery of penicillin, *op. cit.*

[62] Fleming, A. (1933). Penicillin and potassium tellurite in selective media. *British Medical Journal*, 1(3761), E20.

[63] Hare. The scientific activities of Alexander Fleming, other than the discovery of penicillin, *op. cit.*

[64] Reid, R. D. (1935). Some properties of a bacterial-inhibitory substance produced by a mold. *Journal of Bacteriology*, 29(2), 215–221.

Também foram feitas tentativas para isolar a substância inibitória por destilação e dialise. Nas conclusões apresentadas o autor refere os resultados obtidos, no entanto nem nestas nem na descrição dos trabalhos realizados utiliza o termo "penicilina"[65], atribuído por Fleming em 1929, para se referir à substância estudada.

Embora o potencial terapêutico da penicilina só fosse amplamente conhecido e divulgado nos anos 40, existem alguns relatos da sua utilização com sucesso, em aplicação tópica, no início dos anos 30. Estes estudos foram efetuados por Cecil George Paine no Sheffield Royal Infirmary. O resultado destes trabalhos foi referido por David Masters, em 1946, no seu livro "Miracle Drug: The Inner History of Penicillin"[66] mas só em 1986 foi confirmado por Milton Wainwright e Harold T. Swan. Estes autores, conhecedores dos trabalhos de Paine, efetuaram uma pesquisa no arquivo do Sheffield Royal Infirmary com o intuito de encontrarem os registos clínicos que comprovassem que Cecil George Paine tinha utilizado com sucesso penicilina nos anos 30. A sua pesquisa foi bem-sucedida e em 1986 os autores publicaram na revista *Medical History* o resultado das suas investigações[67].

Cecil George Paine nasceu em Londres em 1905. Estudou no St Mary's Hospital Medical School, onde Fleming era professor de bacteriologia. Formou-se em 1928 e em 1929 começou a trabalhar no Sheffield Royal Infirmary como patologista clínico. Paine permaneceu dois anos no Royal Infirmary e foi no final de 1930 e início

---

[65] Fleming. On the antibacterial action of cultures of a penicillium with special reference to their use in the isolation of *B.influenzae*, op. cit.

[66] Masters, D. (1946). *Miracle drug: the inner history of penicillin*. London: Eyre&Spottiswoode, 70.

[67] Wainwright, M., & Swan, H. T. (1986). C. G. Paine and the earliest surviving clinical records of penicillin therapy. *Medical History*, *30*(1), 42–56.

de 1931 que desenvolveu os trabalhos com penicilina, da qual tinha tido conhecimento enquanto estudante[68].

Em 1930 Paine pediu a colaboração do dermatologista do Sheffield Royal Infirmary, A. Rupert Hallam, para testar o filtrado de penicilina no tratamento de três casos de "sycosis barbae"[69], infeção estafilocócica muito frequente na região da barba. Em nenhum dos casos obtiveram sucesso. Os registos clínicos destes casos já não existem não sendo possível saber como foi feita a administração. Milton Wainwright apresenta como justificação deste insucesso a utilização de uma concentração insuficiente de penicilina ou a inativação desta por contaminantes existentes nos desinfetantes cirúrgicos utilizados[70].

Cecil George Paine, apesar deste insucesso, continuou as suas investigações[71] e testou a ação da penicilina em bebés com infeções oculares provocadas por gonococos. Juntamente com A.B. Nutt (1898-1978), assistente de cirurgia oftálmica, tratou com penicilina 5 pacientes, 4 dos quais com sucesso.

Paine utilizou o método de Fleming para cultivar o *Penicillium notatum*, em caldo de carne.

As papeletas onde estes casos clínicos estão descritos são os primeiros registos existentes nos quais a utilização terapêutica da penicilina foi feita com sucesso. Estes registos, encontrados por Milton Wainwright e Harold T. Swan, pertencem ao diário clínico de A. B. Nutt que estão no South Yorkshire County Records Office[72].

---

[68] Wainwright. *Miracle cure - The story of penicillin and the golden age of antibiotics, op. cit.*, 41.

[69] Wainwright & Swan. C . G . Paine and the earliest surviving clinical records of penicillin therapy, *op. cit.*

[70] Ibid.

[71] Brown. *Penicillin man. Alexander Fleming and the antibiotic revolution, op. cit.*, 106.

[72] Wainwright & Swan. C . G . Paine and the earliest surviving clinical records of penicillin therapy, *op. cit.*

O primeiro caso reportado refere-se a um bebé do sexo masculino, com três semanas, admitido por A. B. Nutt a 28 de Agosto de 1930. Este bebé sofria de oftalmia gonocócica neonatorum bilateral com descarga dos olhos desde a nascença. Após a sua admissão não está descrito qual o tratamento efetuado mas poderá assumir-se que a 25 de Novembro a infeção ainda não se encontrava debelada, pois nesta data, de acordo com a papeleta, foi iniciado o tratamento com penicilina. A frequência e o modo de administração da penicilina não estão descritos nas notas clínicas. A 30 de Novembro os olhos da criança já estavam limpos e a 11 de Dezembro de 1930 o bebé teve alta.

Outro caso descrito diz respeito a uma menina de 6 dias admitida a 2 de Dezembro de 1930 com o diagnóstico de oftalmia neonatorum, os olhos "cheios de pus"[73] e a cultura positiva para difteroides. A papeleta datada de 4 de Dezembro de 1930 indica que foi tratada com penicilina de hora a hora e que a 22 de Dezembro os olhos da menina já não tinham qualquer indicação de infeção e foi-lhe dada alta.

Aqui, é descrito o modo de administração da penicilina, de hora a hora, e que o tratamento foi suficientemente eficaz para permitir que a bebé tivesse alta 18 dias depois do início do tratamento.

Segundo Milton Wainwright o preenchimento das notas clínicas não foi feito por Paine ou Nutt, o investigador baseia-se no facto da caligrafia não corresponder à de nenhum dos clínicos e da palavra penicilina aparecer escrita como "pinicillin" e não "penicillin" o que sugere, de acordo com Wainwright, que os registos deverão ter sido escritos por alguém não familiarizado com a publicação de Fleming sobre a penicilina[74].

---

[73] Ibid.
[74] Ibid.

Em 1930 foi tratado outro caso por Paine e Nutt que, de acordo com Wainwright, seria o caso referido por Florey, em 1949, no seu livro *Antibiotics*[75]. Kevin Brown no seu livro "Penicillin man. Alexander Fleming and the antibiotic revolution"[76] refere que Cecil Paine apresentou os trabalhos realizados com penicilina ao então Professor of Pathology de Sheffield, Howard Florey, mas que este não revelou grande interesse pelo assunto. Os registos deste caso estão incompletos não podendo ser datados com precisão. O caso é referente a um mineiro em que um fragmento de pedra lhe entrara para o olho direito alojando-se por trás da íris. O olho encontrava-se inflamado e a tensão ocular estava elevada. Após a irrigação com penicilina durante 48 horas a conjuntiva estava límpida e a pedra pôde ser retirada. O paciente recuperou a visão do olho afetado[77].

Depois do sucesso obtido, Paine não deu continuidade aos trabalhos com penicilina. Em 1931 foi trabalhar para o Jessop Hospital for Women onde veio a desenvolver estudos sobre a febre puerperal, em 1931 publicou sobre este assunto no *British Medical Journal* o artigo "The Source of Infection in a Minor Outbreak of Puerperal Fever"[78] e em 1935, na mesma revista, o artigo "The Aetiology of Puerperal Infection"[79]. Na opinião de Wainwright o desafio das novas funções, a rápida deterioração dos filtrados de penicilina e a inexistência de um meio de conservação adequado terão contribuído para que Paine não desenvolvesse os trabalhos com penicilina.

[75] Florey, H. (1949). *Antibiotics: a survey of penicillin, streptomycin, and other antimicrobial substances from fungi, actinomycetes, bacteria, and plants.* Oxford University Press.

[76] Brown. *Penicillin man. Alexander Fleming and the antibiotic revolution, op. cit.*, 132.

[77] Wainwright & Swan. C. G. Paine and the earliest surviving clinical records of penicillin therapy, *op. cit.*

[78] Paine, C. G. (1931). The source of infection in a minor outbreak of puerperal fever. *British Medical Journal*, 2(3701), 1082–1083.

[79] Paine, C. G. (1935). The aetiology of puerperal infection. *British Medical Journal*, 1(3866), 243–246.

Paine nunca publicou o resultado dos trabalhos efetuados com penicilina. Na opinião de Milton Wainwright também é pouco provável que qualquer revista científica de relevo aceitasse um artigo baseado em tão pouca prova científica. Em alternativa Paine poderia ter apresentado o resultado dos seus casos clínicos em reuniões científicas mas não o fez[80].

Mesmo que Paine e os seus colaboradores tivessem publicado algum artigo sobre os casos em que utilizaram com sucesso a penicilina é duvidoso que tivesse algum impacto na comunidade científica do início dos anos 30[81]. É importante termos em consideração o contexto histórico. Em 1930, embora houvesse antisséticos de aplicação local, nada havia para combater as infeções por via sistémica. O prontosil só foi introduzido como agente antibacteriano em 1935 e o seu sucessor o sulfapiridina, conhecido como M&B 693, em 1938[82]. Estes agentes alteraram profundamente o modo de entender as doenças infeciosas e a respetiva terapêutica medicamentosa, abrindo novas perspetivas para investigações futuras visando tratamentos com agentes anti-infeciosos. Foi neste contexto e com um conhecimento técnico mais avançado que a equipa de Oxford iniciou os seus trabalhos em 1939. Embora Fleming e Paine não tivessem essas vantagens em 1928 e 1930, Fleming estava bem ciente do potencial terapêutico da penicilina. As referências por ele feitas no seu artigo histórico em 1929 demonstram bem este facto[83].

---

[80] Wainwright & Swan. C. G. Paine and the earliest surviving clinical records of penicillin therapy, *op. cit.*

[81] Cf. Queijo. *Breakthough - How the 10 greatest discoveries in medicine saved millions and changed our view of the world, op. cit.*, 149.

[82] Lesch. *The First Miracle Drugs: How the Sulfa Drugs Transformed Medicine, op. cit.*, 9.

[83] Fleming. On the antibacterial action of cultures of a penicillium with special reference to their use in the isolation of *B.influenzae, op. cit.*

Ao longo da história várias referências foram feitas à utilização de fungos no tratamento de infeções[84] mas os primeiros casos com prova em documentos em que foi atingido sucesso com a utilização de uma substância produzida por um fungo, a penicilina, são os casos tratados por C. G. Paine no Sheffield Royal Infirmary.

Embora o sucesso destes casos não tivesse sido publicado, foi a primeira prova direta de que a penicilina tinha utilidade na medicina clínica. É possível que o conhecimento de Florey sobre os trabalhos de Paine o tivesse levado a fazer a experiência crucial que tantos outros não fizeram[85]. No início dos anos 30 não existia a noção da enorme transformação que a penicilina haveria de trazer à medicina. O conhecimento sobre antibióticos era pouco ou nenhum e o interesse científico estava vocacionado para os antissépticos. Os esforços pioneiros de Fleming e Paine no tratamento local com penicilina abriram caminho para que Florey, Chain e outros membros da equipa de Oxford conseguissem purificá-la e dar ao mundo o primeiro antibiótico injetável[86].

Os trabalhos de Fleming além de levarem a uma das mais importantes descobertas da medicina estimularam a procura de novos antibióticos por parte de outros investigadores[87] e deram início a um novo capítulo da bacteriologia[88].

No início dos anos 40 antes da penicilina purificada estar amplamente disponível foram feitos alguns trabalhos utilizando filtrados de

---

[84] Cf. Wainwright, M. (1989). Moulds in ancient and more recent medicine. *Mycologist*, 3(1), 21–23

[85] Howie. Penicillin : 1929-40, *op. cit.*

[86] Wainwright & Swan. C. G. Paine and the earliest surviving clinical records of penicillin therapy, *op. cit.*

[87] Cf. Brumfitt, W., & Hamilton-Miller, J. M. T. (1988). The changing face of chemotherapy. *Postgraduate Medical Journal*, 64(753), 552–558.

[88] Cf. Bulleid, A. (1954). The microbe hunters. *Proceedings of the Royal Society of Medicine*, 47(1), 37–40.

"penicilina bruta"[89]. Os investigadores que realizaram estes trabalhos e obtiveram sucesso tinham à partida uma clara vantagem sobre Fleming e Paine: antes de iniciarem os seus trabalhos não tinham quaisquer dúvidas quanto à eficácia da penicilina[90].

Até à descoberta e divulgação da penicilina a palavra "fungo" tinha uma conotação negativa associada à deterioração dos alimentos. Com o reconhecimento das propriedades da penicilina o "bolor" passou a ser conhecido como amigo e benfeitor da humanidade[91].

2.3. O papel decisivo de Howard Florey e Ernst Chain na transformação da penicilina em medicamento

A descoberta da penicilina deu-se em 1928 mas levou mais de uma década a ser comercializada e os seus benefícios a serem conhecidos. Nesta etapa, tão importante na história da penicilina contribuíram de modo decisivo dois cientistas da universidade de Oxford, Howard Florey (1898–1968) e Ernst Chain (1906–1979).

Howard Walter Florey nasceu a 24 de Setembro 1898 em Adelaide, na Austrália, em 1921 formou-se em medicina na Universidade de Adelaide. Enquanto estudante conheceu Ethel Hayter Reed, filha de um banqueiro e uma das poucas estudantes de medicina daquela universidade, casaram em Setembro de 1926 e tiveram dois filhos, Paquita Mary Joanna, nascida em 1929, e Charles, nascido em 1934. Desde muito cedo que Howard Florey demonstrou um grande interesse pela química e após lhe ser atribuído o Rhodes Scholarship

---

89 Wyatt, H. V. (1990). Robert Pulvertaft's use of crude penicillin in Cairo. *Medical History*, *34*(3), 320–326.

90 Cf. Wainwright, M. (1987). The history of the therapeutic use of crude penicillin. *Medical History*, *31*(1), 41–50.

91 Editorials. (1952). A decade of penicillin. *American Journal of Public Health*, *42*(3), 306–307

(bolsa de estudo de três anos) partiu para Inglaterra chegando a Oxford em Janeiro de 1922[92]. Nesta cidade universitária conheceu John Fulton[93], um estudante de medicina americano que viria a desempenhar um papel importante no desenvolvimento da produção da penicilina nos EUA. Em 1931 foi nomeado como regente da cadeira de patologia de Sheffield University e em 1935 para professor de patologia no Sir William Dunn School em Oxford, onde viria a chefiar a equipa responsável pela purificação da penicilina.

Em 1945 foi-lhe atribuído, juntamente Alexander Fleming e Ernst Chain o prémio Nobel da Medicina ou Fisiologia, que serviu de inspiração para os seus compatriotas embora nunca tivesse regressado à Austrália para trabalhar[94]. Faleceu a 21 de Fevereiro de 1968.

Ernst Chain nasceu em Berlim a 19 de Junho de 1906, em 1930 formou-se em química na Friedrich-Wilhelm University. Devido à sua origem judaica, após a subida ao poder do partido nazi em 1933 imigrou para Inglaterra, fixando-se em Oxford a partir de 1935 e integrando a equipa de Florey em 1937. Em 1948 foi convidado para liderar o centro de investigação de química microbiológica do Instituto Superiore di Sanitá em Roma. Apesar de ter sido nomeado para Professor de Bioquímica no Imperial College em Londres em 1961 só regressou a Inglaterra em 1964. Em 1948 casou com Anna Beloff com quem teve três filhos. Em 1945 partilhou com Alexander Fleming e Howard Florey o prémio Nobel da Medicina ou Fisiologia. Faleceu a 12 de Agosto de 1979[95].

---

[92] Cf. Lax. *The Mold in Dr. Florey's Coat. The story of the penicillin miracle, op. cit.*, 35.

[93] Cf. Bickel, L. (1972). *Rise up to life. A biography of Howard Walter Florey who made penicillin and gave it to the world.* London: Angus and Robertson (U.K.) LTD, 114.

[94] Cf. Hobbins, P. G. (2010). «Outside the institute there is a desert»: the tenuous trajectories of medical research in interwar Australia. *Medical history, 54*(1), 1–28.

[95] Cf. Lax. *The Mold in Dr. Florey's Coat. The story of the penicillin miracle, op. cit.*, 260.

Ernst Chain integrou a equipa de Florey, em Oxford, em 1937. Através do seu contributo Florey pretendia dinamizar o seu departamento de bioquímica. O primeiro projeto desenvolvido por Chain nas suas novas funções foi o estudo das propriedades da lisozima. Ao consultar a bibliografia publicada verificou que haviam sido publicados inúmeros trabalhos sobre o antagonismo microbiano, entre os quais o trabalho publicado por Fleming em 1929 sobre a penicilina[96]. Através deste artigo tomou conhecimento de uma substância com propriedades antibacterianas superiores à lisozima que conseguia destruir bactérias patogénicas e que, segundo Fleming, era completamente isenta de toxicidade. Ao aprofundar a sua pesquisa depreendeu que várias tentativas tinham sido feitas para purificar a penicilina mas nenhuma com sucesso[97]. Devido ao início da II Guerra Mundial e à escassez de fundos existente, a 20 de Novembro de 1939 Howard Florey e Ernst Chain submeteram ao Rockefeller Foundation de Nova Iorque, um pedido para uma bolsa de investigação, de três anos, para se dedicarem ao estudo das propriedades químicas e biológicas de substâncias antibacterianas produzidas por fungos e bactérias, nas quais estava incluída a penicilina[98]. Foram-lhes atribuídas 5 mil libras[99].

Em Março de 1940 a penicilina foi convertida de um desafio científico para uma possibilidade terapêutica[100]. A 19 de Março, após conseguir extrair e purificar com sucesso a penicilina, Chain, testou a substância em ratos. Utilizou toda a quantidade de penicilina que tinha disponível (40 mg) injetando-a em dois ratos – os ratos não demonstraram qualquer reação imunitária. Com este resultado Chain

---

[96] Masters. *Miracle drug: the inner history of penicillin, op. cit.*, 71.

[97] Maurois. *The life of Sir Alexander Fleming, op. cit.*, 162.

[98] Cf. Bud. *Penicillin Triumph and Tragedy, op. cit.*, 29.

[99] Cf. Maurois. *The life of Sir Alexander Fleming, op. cit.*, 162.

[100] Cf. Bud. *Penicillin Triumph and Tragedy, op. cit.*, 29.

concluiu que a penicilina não era uma proteína, que podia ser isolada e que mesmo contendo impurezas não era tóxica[101]. A penicilina foi obtida utilizando o meio de cultura descrito por Raistrick e seus colaboradores em 1932[102]. A equipa de Oxford utilizou, depois, a nova tecnologia de liofilização, que estava a ser desenvolvida em Cambridge para a obtenção de plasma desidratado, em preparação para a guerra, para purificar a penicilina[103].

Entretanto um novo desafio surgia: a necessidade de produzir penicilina em quantidade suficiente que permitisse efetuar novas experiências. Norman Heatley (1911-2004), um jovem bioquímico, membro da equipa de Florey, sugeriu que podiam concentrar a penicilina ao passar o caldo original aquoso para uma solução orgânica de éter (imiscível com água) e novamente para uma solução aquosa alcalina. Em cada passagem as impurezas ficariam retidas. Heatley criou um aparelho que permitia executar estas operações[104]. Ao combinar as técnicas de Chain e Heatley a extração de penicilina melhorou. Devido à necessidade de quantificar a quantidade de penicilina existente numa solução, foi descrita a unidade Oxford – a mais pequena quantidade do produto que, quando dissolvida em um centímetro cúbico de água, consegue inibir o *Staphylococcus aureus* num círculo de 2.5 cm de diâmetro[105].

Conscientes do potencial terapêutico da penicilina e da rápida necessidade de a comprovar, foram iniciados, a 25 de Maio de 1940, os estudos em animais. Normalmente estes ensaios não se iniciavam a um sábado. No entanto a urgência imposta pela guerra levou a que

---

[101] Cf. Lax. *The Mold in Dr. Florey's Coat. The story of the penicillin miracle*, op. cit., 112.

[102] Abraham, E. P., Chain, E., Fletcher, C. M., Gardner, A. D., Heatley, N. G., Jennings, M. A., & Florey, H. W. (1941). Further observations on penicillin. *The Lancet*, *238*(6155), 177–189.

[103] Bud. *Penicillin Triumph and Tragedy*, op. cit., 29.

[104] Ibid, 30–31.

[105] Maurois. *The life of Sir Alexander Fleming*, op. cit., 169.

não aguardassem pela segunda-feira seguinte para o fazerem. Foram utilizados 8 ratinhos, 4 como grupo de controlo e 4 como grupo de teste. Todos foram injetados com *Staphylococcus haemolyticos*, uma bactéria extremamente patogénica. Os 4 ratinhos do grupo de teste foram depois injetados com uma solução de penicilina, dois com uma dose única de 10 mg de penicilina e os outros dois com doses de 5 mg administradas de duas em duas horas. Na madrugada do dia 26 de Maio todos os ratinhos do grupo de controlo estavam mortos e os do grupo de teste encontravam-se vivos e bastante ativos[106]. Em Agosto de 1940, a equipa de Oxford, publicou o artigo "Penicillin as a Chemotherapeutic Agent"[107] na revista *The Lancet*. Neste artigo, considerado pelos autores, como um relatório preliminar da investigação realizada sobre as propriedades químicas, farmacológicas e quimioterapêuticas da penicilina, são mencionados os trabalhos publicados por Fleming, Raistrick e Reid. Os autores referem que desenvolveram métodos para extrair e purificar a penicilina, no entanto não são fornecidos quaisquer dados técnicos sobre os métodos de cultura, isolamento e purificação da penicilina nem são caracterizadas as suas propriedades químicas. Os autores descreveram os ensaios realizados para testar a toxicidade da penicilina em animais, apresentaram uma listagem dos microrganismos sensíveis à penicilina e os resultados obtidos sobre a eficácia terapêutica da substância em animais. Sobre o mecanismo de ação do fármaco indicaram que a "penicilina não é imediatamente bactericida mas que parece interferir com a multiplicação"[108] bacteriana.

O sucesso obtido com a utilização de penicilina em animais levou Florey disponibilizar todos os recursos do seu laboratório para

---

[106] Wainwright. *Miracle cure - The story of penicillin and the golden age of antibiotics, op. cit.*, 56.

[107] Chain et al.. Penicillin as a chemotherapeutic agent, *op. cit.*

[108] Ibid.

o projeto. Com este intuito organizou diversos grupos de trabalho de modo a tornar a investigação mais eficiente. Foram constituídas equipas de trabalho para estudar a química e bioquímica da penicilina, a sua produção, bacteriologia, extração em larga escala, farmacologia e biologia e finalmente os ensaios clínicos. Este último grupo de trabalho era liderado por Ethel Florey (1900-1966), mulher de Howard Florey[109].

Para se conseguir penicilina em quantidade suficiente para tratar um doente era necessário aumentar grandemente a sua produção. Heatley descobriu que o fungo existente à superfície não perdia a capacidade de produzir penicilina se o caldo de nutrientes, saturado, fosse removido e substituído por um novo, como tal, concebeu um recipiente com características tais que permitia substituir, com facilidade, o caldo mantendo o fungo à superfície[110].

Em Janeiro de 1941 a equipa de Oxford já tinha conseguido extrair e purificar penicilina em quantidade suficiente para serem iniciados os ensaios clínicos em humanos[111]. Com este intuito Howard Florey contactou Leslie Witts, professor de Clinical Pathology no Radcliffe Infirmary em Oxford. Florey pretendia encontrar um paciente que reunisse as condições desejadas para se proceder um primeiro ensaio clínico[112]. O paciente ideal seria alguém com uma patologia em fase terminal que tivesse disposto a colaborar. Embora a penicilina fosse considerada inócua para os leucócitos, culturas de tecidos e animais, Florey não queria arriscar administrá-la a um indivíduo são devido ao risco de poder provocar alguma reação adversa e inesperada[113].

---

[109] Bud. *Penicillin Triumph and Tragedy, op. cit.*, 30.

[110] Richardson, R. (2001). Heatley's vessel, *The Lancet*, 357(9264), 1298.

[111] Cf. Lax. *The Mold in Dr. Florey's Coat. The story of the penicillin miracle, op. cit.*, 152.

[112] Greenwood. *Antimicrobial Drugs: Chronicle of a twentieth century medical triumph, op.cit.*

[113] Cf. Fletcher, C. (1984). First clinical use of penicillin. *British Medical Journal*, 289(6460), 1721–1723.

Na época não existiam comissões éticas que necessitassem de ser consultadas tendo sido escolhida, para a realização do primeiro ensaio em humanos, uma paciente de 50 anos, Elva Akers, com cancro da mama bastante disseminado e com pouco tempo de vida. Foi-lhe explicado que se pretendia experimentar um novo medicamento e após o seu consentimento foi administrada, pela primeira vez, penicilina por via parentérica num humano[114].

A 17 de Janeiro de 1941, Florey e Witts testemunharam no Radcliff Infirmary o jovem médico Charles Fletcher (1911-1995), a administrar a primeira injeção de 100 mg (aproximadamente 5000 unidades) de penicilina. Esta dose que se esperava ter um efeito bactericida foi administrada na veia ante cubital da paciente. Imediatamente após a administração, a doente queixou-se de um estranho sabor na boca mas mais nenhum efeito adverso foi registado. Foi retirada uma amostra de sangue para determinar a ação da dose administrada, que conforme esperado revelou ter um efeito bactericida. Algumas horas após a administração do antibiótico a doente sofreu um aumento de temperatura mas não foram reportados quaisquer outros sintomas. O aumento de temperatura verificado foi atribuído à presença de pirógénios que foram eliminados antes da realização dos ensaios clínicos subsequentes. Em 1984 Charles Flecher descreveu num artigo publicado no *British Medical Journal*[115] a sua colaboração no primeiro ensaio clínico com penicilina em humanos.

Estudos subsequentes confirmaram que a penicilina era destruída no estômago, impossibilitando a administração oral e que a administração rectal também era ineficaz, confirmando que a melhor via de administração para o antibiótico era a via parentérica.

---

[114] Cf. Lax. *The Mold in Dr. Florey's Coat. The story of the penicillin miracle*, *op. cit.*, 153.

[115] Cf. Fletcher. First clinical use of penicillin, *op. cit.*

Após ser testada a toxicidade da penicilina era necessário comprovar a sua eficácia terapêutica. As infeções provocadas por estafilococos, pela gravidade e pela resistência demonstrada às sulfamidas, eram consideradas as preferenciais para determinar a ação do antibiótico. Albert Alexander, um polícia de 43 anos, internado no Radcliff Infirmary em Oxford, havia sido diagnosticado com uma septicemia estafilocócica e estreptocócica generalizada, encontrava-se com muitas dores e quase moribundo. Era um paciente que "nada tinha a perder e tudo a ganhar"[116] com a administração de penicilina.

O tratamento de Albert Alexander foi iniciado a 12 de Fevereiro de 1941, com a administração de 200 mg (10 000 unidades) de penicilina por via intravenosa seguidas de 100 mg de 3 em 3 horas. Toda a urina do paciente foi recolhida para se extrair a penicilina excretada e depois reutilizá-la, dada a escassa quantidade de penicilina existente[117]. O resultado do tratamento de Albert Alexander superou as expetativas: em poucas horas o doente começou a mostrar sinais de recuperação, a febre tinha baixado e encontrava-se mais desperto. A 17 de Fevereiro, cinco dias após a primeira administração de penicilina, o doente estabilizou e simultaneamente as reservas de penicilina esgotaram-se. Durante 10 dias Albert Alexander manteve--se estável não lhe sendo administrada mais penicilina. Além das reservas existentes se terem esgotado também não era conhecido o tempo durante o qual o tratamento deveria ser continuado após o doente ter melhorado. Após 10 dias de estabilidade e aparente recuperação o doente começou a piorar vindo a falecer no dia 15 de Março de 1941[118].

---

[116] Cf. Brown. *Penicillin man. Alexander Fleming and the antibiotic revolution, op. cit.*, 134.

[117] Penicillin: An Antiseptic of Microbic Origin (1941). *British Medical Journal,* 2(4208), 310.

[118] Cf. Maurois. *The life of Sir Alexander Fleming, op. cit.*, 171.

Durante os 5 dias de tratamento foram administradas 220 000 unidades de penicilina. Atualmente temos conhecimento que se tratou de uma dose demasiado baixa para o tratamento de uma infeção tão generalizada. No entanto foi suficiente para comprovar eficácia terapêutica da penicilina e demonstrar que o antibiótico poderia ser administrado durante 5 dias sem o aparecimento de efeitos tóxicos. A inexistência de efeitos adversos, para além da alergia, demonstrou ser uma das características mais marcantes da penicilina[119] e apesar do primeiro tratamento não ter resultado na recuperação do doente foi fundamental para confirmar a sua eficácia terapêutica.

Após o primeiro ensaio decidiu-se evitar a utilização de grandes quantidades de penicilina. Os ensaios subsequentes foram direcionados para o tratamento de crianças e infeções localizadas. Apesar do número de ensaios clínicos realizados não ter sido muito elevado conseguiu provar, sem margem para dúvidas, o valor da penicilina no tratamento de septicemias causadas por estafilococos, até então fatais, e atuar na presença de pus[120], ao contrário das sulfamidas.

Em Agosto de 1941 os resultados dos trabalhos da equipa de investigadores da Universidade de Oxford foram publicados na revista *The Lancet* no artigo intitulado "Further observations on penicillin"[121]. Neste artigo os autores descreveram o meio de cultura e as técnicas laboratoriais utilizadas para o crescimento do fungo bem como os métodos empregues para ensaiar a sensibilidade das bactérias à penicilina. No estudo são pormenorizadas as técnicas aplicadas para obtenção de maiores quantidades do antibiótico assim como os métodos utilizadas para a extração da penicilina do meio de cultura, sendo descritas as perdas que ocorrem durante o

---

[119] Fletcher. First clinical use of penicillin, *op. cit.*

[120] Abraham et al.. Further observations on penicillin, *op. cit.*

[121] Ibid

processo. É apresentado um esquema dos recipientes empregues para cultivar o fungo e outro exemplificativo do método de remoção do meio de cultura dos mesmos. As condições de armazenamento do medicamento também são mencionadas[122]. Todos estes pontos foram omissos no primeiro artigo sobre a penicilina[123] publicado, em 1940 por esta equipa de investigadores, na revista *The Lancet*. Sobre a ação antibacteriana, é reportado que os trabalhos efetuados confirmam os resultados apresentados por Fleming em 1929[124] sobre a sensibilidade das bactérias à penicilina.

Outra questão de grande interesse comprovada pela equipa de H.W. Florey foi a aquisição de resistência por parte das bactérias quando cultivadas, repetidamente, em meios que contenham penicilina. Os investigadores demonstraram que esta resistência não advém de uma enzima com propriedades destrutivas da penicilina e que o medicamento tem uma ação bacteriostática e não bactericida. Os ensaios realizados em células de tecidos revelaram que a toxicidade da penicilina era muito inferior aos restantes antibacterianos ensaiados. Testada a absorção e estudada a distribuição da penicilina no organismo, foi confirmado que a eliminação do medicamento era feita maioritariamente através da urina embora tenham sido inconclusivos quanto à sua metabolização.

Foram descritos os primeiros ensaios terapêuticos, com penicilina, realizados no homem. Foi referido que em cinco dos dez casos descritos foi utilizada a via intravenosa por esta ter demonstrado claras vantagens nos ensaios laboratoriais, um deles em que foi escolhida a via oral e quatro referentes à aplicação tópica da penicilina. Os resultados dos ensaios foram positivos e conseguiram demonstrar

---

[122] Ibid.

[123] Chain et al.. Penicillin as a chemotherapeutic agent, *op. cit.*

[124] Fleming. On the antibacterial action of cultures of a penicillium with special reference to their use in the isolation of *B.influenzae*, *op. cit.*

que a penicilina era um medicamento com uma toxicidade muito baixa e eficaz no combate de infeções estreptocócico e estafilocócicas no homem.

Para os investigadores da Universidade de Oxford tornou-se clara a necessidade da produção de penicilina em larga escala[125] sendo, no entanto, difícil imaginar a transformação que o fármaco iria trazer à medicina e à cirurgia[126].

Os métodos, utilizados em Oxford, para a produção de penicilina foram descritos por Heatley, em 1944, num artigo para o *Biochemical Journal*. Neste artigo, Heatley, apresentou de modo pormenorizado os métodos de preparação do fármaco, em artigos anteriores estes não tinham sido suficientemente claros nem detalhados para que outros investigadores os pudessem reproduzir sem dificuldades. O método por ele descrito foi o método utilizado desde 1940 no laboratório do Sir William Dunn School of Pathology em Oxford e do qual resultam resultados satisfatórios. O investigador refere que introduziu pequenas alterações de modo a melhorar os resultados obtidos. Este método também foi aplicado com sucesso no estudo de outros antibióticos e de acordo com Heatley poderia ter uma aplicação mais vasta neste campo[127]. Posteriormente outros investigadores publicaram artigos em que descreviam os ensaios realizados para testar a sensibilidade da penicilina em diversos microrganismos[128].

---

[125] Coghill, R. D. (1944). Penicillin-science's Cinderella. *Chemical & Engineering News, 22*(8), 588–593.

[126] Fletcher. First clinical use of penicillin, *op. cit.*

[127] Heatley, N. G. (1944). A Method for the Assay of Penicillin. *Biochemical Journal, 38*(1), 61–65.

[128] Dolkart, R. E., Dey, F. L., & Schwemlein, G. X. (1947). Penicillin assay techniques: a comparative study. *Journal of Bacteriology, 53*(1), 17–24.

Em 1942, J. C. Clayton e seus colaboradores submeteram o artigo "Preparation of penicillin. Improved method of isolation"[129] ao *Biochemical Journal* onde eram descritos os trabalhos realizados sobre os métodos de produção da penicilina. No entanto, e de acordo com uma nota de rodapé no próprio artigo "its publication has been delayed for security reasons" (a sua publicação foi retardada por motivos de segurança), só viria a ser publicado anos mais tarde, em 1944.

Os esforços da equipa de Oxford foram suficientemente impressionantes para conseguirem mais apoio do Rockefeller Foundation[130]. Na primavera de 1941 Warren Weaver (1894-1978), diretor do Rockefeller Foundation Natural Science Division, visitou Oxford. Weaver ao observar os resultados obtidos ficou convencido do potencial terapêutico da penicilina e convidou Florey e Heatley a irem aos Estados Unidos da América (EUA) para conseguirem o apoio da indústria americana para produzir penicilina[131].

2.4. Desenvolvimento da penicilina nos Estados Unidos da América

Em 1941 a Inglaterra já se encontrava em plena II Guerra Mundial e todos os seus recursos e indústria estavam direcionados para o esforço de guerra. Tendo em vista o desenvolvimento de métodos mais rentáveis para a produção de penicilina em larga escala Howard Florey e Norman Heatley partiram, a 27 de Junho de 1941, para os

---

[129] Clayton, J. C., Hems, B. A., Robinson, F. A., Andrews, R. D., & Hunwicke, R. F. (1944). Preparation of Penicillin. Improved Method of Isolation. *Biochemical Journal*, 38(5), 453–458.

[130] Lax.*The Mold in Dr. Florey's Coat. The story of the penicillin miracle, op. cit.*, 158.

[131] Ibid, 159.

EUA, via Lisboa, de modo a procurarem apoio da indústria farmacêutica americana[132].

Nos EUA Florey contactou com Charles Thom que anos antes tinha classificado o *Penicillium* de Fleming. Thom trabalhava para o departamento de agricultura. Este apresentou Florey a Percy Wells, invertigador do departamento de agricultura que encaminhou os investigadores ingleses para o recém-formado Northen Regional Research Laboratory em Peoria, Illinois[133].

O laboratório em Peoria detinha grande experiência no cultivo de fungos, o seu objetivo principal era a obtenção de substâncias químicas úteis a partir de produtos excedentes da agricultura. A excelência na área da microbiologia dos investigadores ingleses foi complementada com a perspetiva tecnológica na área da engenharia dos americanos. O contraste era muito grande entre o departamento de patologia em Oxford com poucas capacidades financeiras e técnicas e o moderno e bem equipado laboratório de Peoria. No entanto a complementaridade entre o *know-how* dos ingleses e a capacidade técnica dos americanos contribuiu em grande parte para o sucesso da produção, em larga escala, da penicilina[134].

A equipa de investigadores do laboratório de Peoria detinha uma grande experiência na cultura de fungos com técnicas de fermentação profunda, contrariamente aos ingleses que utilizavam técnicas de superfície. A técnica de fermentação profunda foi desenvolvida em Delft, na Holanda, sendo ainda pouco conhecida nos EUA e completamente desconhecida em Inglaterra[135]. Os investigadores holandeses da Netherlands Yeast and Spirit Factory, mesmo após a

---

[132] Hoeprich. The Penicillins, Old and New, *op. cit.*

[133] Brown. *Penicillin man. Alexander Fleming and the antibiotic revolution*, *op. cit.*, 168.

[134] Bud. *Penicillin Triumph and Tragedy, op. cit.*, 34.

[135] Ibid, 35.

ocupação nazi e trabalhando em segredo conseguiram produzir com sucesso o bacinol, nome de código que atribuíram à penicilina[136].

A técnica de fermentação profunda embora fácil de realizar levantava três problemas de difícil resolução: a agitação, o arejamento e assepsia. Os investigadores americanos conseguiram resolver estas questões utilizando um bidão rotativo com injeção de ar estéril. O aperfeiçoamento desta técnica foi crucial no aumento da produção de penicilina[137].

O aumento da produtividade com este método foi notável; em dois dias conseguiam obter uma quantidade de penicilina maior que aquela produzida em onze dias utilizando as técnicas tradicionais.

Outro fator importante no aumento da produção de penicilina foi a adição de "cornsteep liquor" (licor de milho) ao meio de cultura. Esta descoberta foi feita por Andrew Moyer, investigador de Peoria[138]. Este produto excedente da agricultura fornecia a fonte de azoto necessária ao meio de cultura e diminuiu grandemente o custo da matéria-prima empregue, tendo sido a chave para a produção barata de penicilina[139].

Outro aditivo que se revelou de grande importância para o aumento de produção de penicilina foi a junção de lactose ao meio de cultura. Esta iria funcionar como fonte de energia e permitiu, juntamente com o licor de milho aumentar a produção de penicilina de 2 unidades por mililitro (produzidas em Oxford) para 100 unidades por mililitro. O passo seguinte foi procurar uma estirpe de *Penicillium*

---

[136] Burns, M., Bennett, J., & van Dijck, P. W. M. (2003). Code Name Bacinol. *ASM News, 69*(1), 25–31.

[137] Veja-se sobre este assunto, Burns, M. (2009). Wartime research to post-war production: Bacinol, dutch penicillin, 1940-1950. Em A. Romero, C. Gradmann, & M. Santemases (Eds.), *Circulation of Antibiotics : Journeys of Drug Standards , 1930--1970* (p. 262). Madrid.

[138] Penicillin: A Wartime Accomplishment. (1945). *Chemical & Engineering News, 23*(24), 2310–2316.

[139] Cf. Bud. *Penicillin Triumph and Tragedy, op. cit.*, 36.

que produzisse maior quantidade de penicilina que a original de Fleming. Após testarem muitos fungos encontraram um no mercado de Peoria, o *Penicillium chrysogenum*, com essa capacidade[140]. Mais tarde Alexander Hollaender, cientista de origem alemã, investigador no National Institutes of Health em Washington, cuja especialidade era a utilização de radiações para induzir modificações genéticas, contribuiu para incrementar a produção de penicilina. Ao aplicar raios X no *Penicillium* conseguiu que este produzisse 500 unidades de penicilina por mililitro e mais tarde com a aplicação de raios ultra violeta aumentaram a produção para 1000 unidades por mililitro[141]. Com a irradiação o *Penicillium chrysogenum* produzia penicilina com uma grande atividade *in vitro*, 3000 unidades por mililitro, mas quando testada *in vivo* verificou-se que tinha menos atividade terapêutica que a penicilina convencional. Os investigadores rapidamente aperceberam-se que o *P. chrysogenum* quando irradiado produzia não um tipo de penicilina mas sim dois, a penicilina K e a penicilina G, sendo esta última a que detinha grande atividade terapêutica. A penicilina K embora sendo mais ativa *in vitro* quando administrada formava uma ligação muito forte com as proteínas ficando indisponível para exercer a sua atividade antibacteriana. Ao fornecerem ácido fenilacético ao meio de cultura, os investigadores conseguiram direcionar a produção para a penicilina G[142].

Pouco tempo após a sua chegada a Peoria, Florey partiu para prosseguir a sua campanha de angariação de apoio junto da indústria farmacêutica norte americana. Heatley no entanto permaneceu em Peoria de modo a transmitir os seus conhecimentos aos americanos e colaborar na produção em larga escala de penicilina.

---

[140] Penicillin: A Wartime Accomplishment, *op. cit.*
[141] Cf. Bud. *Penicillin Triumph and Tragedy, op. cit.*, 40.
[142] Hoeprich. The Penicillins , Old and New, *op. cit.*

Em 1945 foi dado mais um passo importante na história da penicilina. Dorothy Hodgkin (1910-1994)[143] determinou, através da cristalografia de raios X, a estrutura química tridimensional da penicilina[144]. O resultado dos seus trabalhos só foi publicado em 1949[145]. Até ser clarificada a estrutura da penicilina supunha-se que a síntese química da molécula iria solucionar os problemas da produção em larga escala[146] mas quando a estrutura da penicilina foi determinada ficou evidente que a dificuldade e os custos associados à produção por esta via seriam demasiado elevados para se tornar viável[147].

A primeira administração de penicilina nos Estados Unidos ocorreu em Março de 1942 no New Haven Hospital em Yale[148]. A doente, Anne Sheafe Miller, de 33 anos, encontrava-se internada na unidade de isolamento do New Haven Hospital com uma septicemia estreptocócica beta hemolítica. O seu médico John Bumstead convenceu John Fulton, amigo e contemporâneo de Florey em Oxford, também internado nessa altura com uma grave infeção pulmonar,

---

[143] Dorothy Crowfoot Hodgkin, química britânica que se especializou em cristalografia de raios X. Através da utilização desta técnica determinou a estrutura química tridimensional de inúmeras biomoléculas entre as quais a penicilina e a vitamina B12. Em 1964 foi atribuído a Dorothy Hodgkin o Prémio Nobel da Química pela determinação da estrutura química de importantes compostos bioquímicos com a utilização de técnicas de raios X.

[144] Editorial Board of the Monograph on Chemistry of Penicillin. (1947). The Chemical Study of Penicillin: A brief history. *Science, 105*(2737), 563–659.

[145] Crowfoot, D., Bunn, C. W., Rogers-Low, B. W., & Turner-Jones, A. (1949). X-ray Crystallographic investigation of the structure of penicillin. Em H. T. Clarke, J. R. Johnson, & R. Robinson (Eds.), *Chemistry of Penicillin* (pp. 310–367). Princeton University Press.

[146] Santos, M. S. dos. (1944). Penicilina e produtos similares. *Notícias Farmacêuticas, 10*(9-10), 505–521. A autora, professora da Faculdade de Farmácia da Universidade de Coimbra e cientista, foi uma das pioneiras do estudo da penicilina em Portugal.

[147] Brown. *Penicillin man. Alexander Fleming and the antibiotic revolution, op. cit.*, 227.

[148] Editorials (1944). The history of penicillin. *The Journal of the American Medical Association, 126*(3), 170–172.

a tentar obter o novo medicamento – a penicilina[149]. Florey havia descrito a utilização da penicilina em Inglaterra em 1941 e John Fulton tinha conhecimento dos seus trabalhos. A primeira ampola de penicilina foi enviada pela Merck&Co em Rahway, New Jersey para John Bumstead em New Haven a 12 de Março de 1942, sábado. Após a reconstituição e esterilização da solução de penicilina foram administradas à doente, pelo interno Charles M. Grossman, 5000 unidades do antibiótico por via intravenosa, seguidas de novas administrações de 4 em 4 horas[150]. Poucas horas após a instituição da terapêutica a temperatura da doente baixou para valores normais, a urina da paciente foi recuperada para extração da penicilina[151]. Na segunda-feira seguinte a paciente encontrava-se desperta e já se alimentava[152]. Em 2008 Charles Grossman publicou no *Annals of Internal Medicine* o artigo "The first use of penicillin in the United States"[153] onde descreveu o tratamento de Anne Miller e referiu o papel desempenhado por John F. Fulton, apresentando-o como um dos principais dinamizadores do desenvolvimento da penicilina nos EUA, tendo contribuindo para demonstrar o enorme valor do fármaco e para o nascimento da era dos antibióticos. Anne Miller viveu até aos 90 anos de idade, falecendo a 27 de Maio de 1999[154].

---

[149] Tager, M. (1976). John F. Fulton, coccidioidomycosis, and penicillin. *The Yale journal of biology and medicine*, 49(4), 391–8.

[150] Grossman. The First Use of Penicillin in the United States, *op. cit.*

[151] Cf. Goodman, L. S., & Gilman, A. (1955). *The phamacological basis of therapeuticas* (2 nd Editi.). New York: The MacMillan Company, 1325.

[152] Cf. Queijo. *Breakthough - How the 10 greatest discoveries in medicine saved millions and changed our view of the world, op. cit.*, 155.

[153] Grossman. The First Use of Penicillin in the United States, *op. cit.*

[154] Saxon, W. (9 de Junho de1999). Anne Miller, 90, first patient who was saved by penicillin. *The New York Times*. New York.

2.5. A II Guerra Mundial e o desenvolvimento de medicamentos à base de penicilina – a utilização em massa nas tropas aliadas

A descoberta da penicilina deve-se a circunstâncias do acaso mas foi a necessidade criada pela II Guerra Mundial que serviu de catalisador para a sua produção, distribuição e difusão em todo o mundo. Os governantes das nações aliadas desde cedo reconheceram a importância que a penicilina poderia vir a exercer no conflito e juntamente com académicos e industriais tornaram prioridade o desenvolvimento de técnicas que permitissem a produção de penicilina em quantidades suficientes para satisfazer as necessidades das suas tropas. Foram criados centros de investigação destinados a estudar as infeções mais suscetíveis à penicilina, os melhores meios de administração do medicamento e tempo ideal de tratamento[155]. Os trabalhos realizados nestes centros viriam a constituir os alicerces do conhecimento clínico sobre a penicilina.

Até ao Verão de 1942 o conhecimento sobre a penicilina e o seu potencial terapêutico estavam restritos à comunidade científica e a alguns políticos sendo praticamente desconhecidos do grande público. A partir 27 de Agosto de 1942 com a publicação do artigo "Penicillium"[156] pelo periódico *The Times* e poucos dias depois, a 4 de Setembro de 1942, com a transmissão, pela estação de rádio britânica BBC, do programa "Ariel in Wartime"[157] dedicado à penicilina, o antibiótico foi amplamente divulgado tornando-se no acontecimento que mais esperança trouxe nos tempos difíceis de guerra. A partir desse momento a penicilina foi meritória da atenção

---

[155] The Penicillin Position. (1943). *British Medical Journal, 2*(4312), 269–270.

[156] Penicillium. (Londres, 27 Agosto, 1942). *The Times*, p. 5. London, UK.

[157] Shama, G. (2008). Auntibiotics: the BBC, penicillin, and the Second World War. *British Medical Journal, 337*(7684), 1464–1466.Trata-se de um estudo onde fica muito clara a importância da divulgação pelos *media* da penicilina.

de governantes, financiadores, investigadores, indústria farmacêutica e do próprio público tornando-a num fenómeno mediático que transformou profundamente o modo de pensar e agir[158]. Até à necessidade de produção de grandes quantidades de penicilina era impensável haver uma colaboração aberta e total entre indústrias farmacêuticas, governos e mesmo investigadores de diferentes países mas a necessidade de aumentar a produção de penicilina conseguiu promover a estreita colaboração entre todos os intervenientes, permitindo que o primeiro antibiótico ficasse disponível para o tratamento de militares e mais tarde de toda a população civil.

Até ao final de 1941 os EUA ainda não tinham entrado na II Guerra Mundial, o Reino Unido por seu lado encontrava-se bastante debilitado pelo conflito. As principais cidades inglesas tinham sofrido bombardeamentos, a comida e os combustíveis encontravam-se racionados e os recursos da indústria produtora estavam canalizados para o fabrico de material de guerra. Foi neste cenário que a indústria farmacêutica britânica recebeu a notícia da penicilina. Apesar das suas dificuldades as cinco maiores indústrias farmacêuticas britânicas, May&Baker, Glaxo, Burroughs Wellcome, British Drug House e Boots, uniram-se para formar em 1941 a Therapeutic Research Corporation que tinha como objetivo a partilha de informação para a obtenção de um método mais eficaz de produção em larga escala de penicilina[159]. No entanto mesmo com o apoio governamental e da equipa de Oxford os poucos recursos da indústria farmacêutica britânica não permitiram que o objetivo fosse concretizado. Em 1942 foi formada, em Inglaterra, a General Penicillin Committee para supervisionar a produção da penicilina. Às cinco grandes indústrias farmacêuticas inglesas pertencentes ao Therapeutic Research

---

[158] Cf. Coghill. Penicillin-science's Cinderella, *op. cit.*

[159] Cf. Brown. *Penicillin man. Alexander Fleming and the antibiotic revolution*, *op. cit.*, 143.

Corporation juntaram-se mais duas empresas a Imperial Chemical Industries e a Kemball Bishop que mantiveram o contacto direto com a equipa de Oxford. A 25 de Setembro Sir Cecil Weir, diretor geral do equipamento, convocou uma reunião com Fleming, Florey, Raistrick e a indústria farmacêutica. Nesta reunião ficou decidido que toda a informação sobre a penicilina seria partilhada, com o objetivo de produzir penicilina de forma rápida e abundante. Pela primeira vez todos interessados na produção do medicamento iriam partilhar os seus conhecimentos e investigação sem qualquer ambição ou lucro[160].

As dificuldades impostas pela guerra inviabilizaram o desenvolvimento do projeto de produção de penicilina em grande escala pela indústria farmacêutica britânica. Os EUA ainda eram uma nação em paz com vastos recursos financeiros e com uma indústria farmacêutica dotada de tecnologia inovadora. Ciente da necessidade de apoio para a produção massiva de penicilina Howard Florey partiu para os EUA.

Em Junho de 1941 o Presidente dos EUA, Franklin D. Roosevelt, constituiu o Office of Scientific Research and Development (OSRD) com o objetivo de financiar e desenvolver projetos científicos com utilidade para o conflito emergente. O OSRD encontrava-se organizado em cinco departamentos de acordo com a área científica abrangida. O departamento do OSRD responsável por promover a investigação científica na área da saúde era o Committee on Medical Research (CMR), presidido pelo farmacologista da Universidade da Pensilvânia, Alfred Newton Richards[161].

Após a chegada aos EUA Florey contactou por intermédio de John Fulton, seu contemporâneo da Universidade de Cambridge, com o

---

[160] Cf. Masters. *Miracle drug: the inner history of penicillin, op. cit.*, 136.

[161] Stewart, I. (1948). *Organizing Scientific Research for War The Administrative History of the Office of Scientific Research and Development* (1st ed.). Boston: Little, Brown and Company, 98.

presidente do National Research Council, Ross Granville Harrison (1870-1959), que o encaminhou para o Northern Regional Research Laboratory em Peoria. Aqui a partir da colaboração entre os investigadores da Universidade de Oxford e os investigadores do Northern Regional Research Laboratory foi concebido um método rentável para produzir penicilina em grandes quantidades, conforme esclarecemos anteriormente.

A 8 de Outubro de 1941 o Committee on Medical Research convocou uma reunião, em que participaram membros do National Research Council, do Department of Agriculture e representantes das empresas Merck&Co., Inc., Squibb Institute of Medical Research, Pfizer e Lederle, com o objetivo de traçar um plano de cooperação para a produção massiva de penicilina[162]. A produção de penicilina em grande quantidade só era viável se existisse um processo de produção rentável. A colaboração de Howard Florey, Norman Heatley com os investigadores do Northen Regional Research Laboratory em Peoria, Illinois levou ao aumento da eficácia do processo de extração da penicilina, viabilizando a sua produção em larga escala. O desenvolvimento de um método rentável de produção, extração e purificação da penicilina assegurou a colaboração da indústria farmacêutica americana que investiu todos os seus recursos no projeto[163]. O resultado dos esforços foi recompensado e em 1942 foram enviadas as primeiras doses de penicilina para as tropas na frente de combate no norte de África. Os médicos militares rapidamente se aperceberam do valor terapêutico da penicilina mas a quantidade que lhes era enviada era escassa[164].

---

[162] Brown. *Penicillin man. Alexander Fleming and the antibiotic revolution*, *op. cit.*, 173.

[163] Coghill. Penicillin-science's Cinderella, *op. cit.*

[164] Wyatt. Robert Pulvertaft's use of crude penicillin in Cairo, *op. cit.*

Em 1943 nos EUA a War Production Board assumiu a responsabilidade de aumentar a produção de penicilina. Foram selecionadas 21 empresas para produzir penicilina entre as quais a Merck&Co., Squibb Institute of Medical Research, Pfizer, Lederle e a Abbot Laboratories. A War Production Board supervisionou a produção e controlou a distribuição de toda a penicilina produzida[165].

Nos primeiros 5 meses de 1943 foram produzidas 400 milhões de unidades de penicilina. Nos 7 meses seguintes produziram-se 20.5 biliões de unidades um aumento de mais de 500 vezes. A partir de Maio de 1945 já eram distribuídas 620 biliões de unidades de todos os meses[166].

A produção de penicilina em grandes quantidades e em tão pouco tempo foi um dos resultados mais importantes da colaboração interdisciplinar, no entanto, outros se seguiram dos quais resultaram claras vantagens para a saúde pública. Áreas como a cirurgia ortopédica, a nutrição, quimioterapia e transfusões sanguíneas são exemplo disso[167].

2.6. Utilização clínica da penicilina

Em 1942 a penicilina foi disponibilizada para uso militar. As primeiras doses do antibiótico foram enviadas para o Médio Oriente para o Central Pathological Laboratory em Agosto desse mesmo ano. O Major R.J.V. Pulvertaft, diretor do Fifteenth Scottish General Hospital no Cairo, foi o primeiro a utilizar penicilina numa zona de

---

[165] Lax. *The Mold in Dr. Florey's Coat. The story of the penicillin miracle, op. cit.*, 222.

[166] Penicillin: A Wartime Accomplishment, *op. cit.*

[167] Cf. Casper, S. T. (2008). The origins of the Anglo-American Research Alliance and the incidence of civilian neuroses in Second World War Britain. *Medical history*, *52*(3), 327–46.

guerra[168]. A quantidade de penicilina que lhe foi enviada era muito limitada pelo que decidiu utilizá-la no tratamento tópico de feridas de guerra. Ao contrário de Florey que utilizou toda a penicilina que tinha disponível num único doente, Pulvertaft optou por não utilizar as poucas reservas de penicilina que tinha ao seu dispor no tratamento a uma só pessoa gravemente enferma mas antes utilizá-la num número alargado de doentes em aplicação tópica em conjunto com os seus tratamentos experimentais. Em 1943 publicou dois artigos na revista *The Lancet* com o resultado dos seus trabalhos "Bacteriology of war wounds"[169] e "Local therapy of war wounds. 1.With penicillin"[170].

Os casos estudados por Pulvertaft demonstraram a importância da penicilina no tratamento das feridas de guerra assim como os resultados surpreendentes nos doentes nos quais o tratamento com sulfanilamidas tinha sido ineficaz. Ele recebeu três lotes de penicilina: a primeira em Julho de 1942 vinda de Oxford, outra em Novembro de 1942 e a terceira em Março de 1943 vindas da Imperial Chemical Industries. As quantidades de penicilina que lhe foram enviadas eram muito pequenas e Pulvertaft resolveu produzir a sua própria penicilina "bruta" de acordo com os métodos descritos por Fleming. Dos 15 casos descritos 4 foram tratados com filtrados de penicilina produzidos localmente. A penicilina produzida pelo Major Pulvertaft era também enviada para outros hospitais militares. Como a penicilina era considerada um produto de guerra

---

[168] Wainwright. *Miracle cure - The story of penicillin and the golden age of antibiotics, op. cit.*, 65.

[169] Pulvertaft, R. J. V. (1943). Bacteriology of war wounds. *The Lancet, 242*(6253), 1–2.

[170] Pulvertaft, R. J. V. (1943b). Local therapy of war wounds. 1.With penicillin. *The Lancet, 242*(6264), 339–348.

pelas forças aliadas havia sempre a preocupação de não ser posta à disposição do inimigo[171].

Ao contrário de Fleming que não tinha grandes condições para produzir o filtrado de penicilina nem grande recetividade por parte dos clínicos da época Pulvertaft tinha ao seu dispor muitos feridos de guerra e um hospital onde se faziam tratamentos tópicos. Pulvertaft estava melhor equipado que Fleming para produzir a penicilina. Conseguiu ultrapassar o problema da rápida perda de atividade dos filtrados ao adicionar-lhes metiolato e com o elevado número de feridos que tinha ao seu dispor conseguia também utilizar mais rapidamente os filtrados produzidos. O conhecimento prévio da atividade dos filtrados de penicilina contribuiu igualmente para o sucesso dos seus trabalhos[172].

Devido à escassez de penicilina purificada as propriedades terapêuticas dos filtrados de penicilina foram novamente exploradas. Começou a ser produzida "penicilina caseira"[173] com o objetivo de se obter o medicamento em quantidades suficientes para ser utilizado diretamente em hospitais e em consultórios particulares no tratamento dos seus pacientes[174]. Foram desenvolvidos três métodos principais para a aplicação tópica dos filtrados de culturas de penicilina[175]. Estes métodos consistiam em utilizar filtrados líquidos de penicilina aplicados em gaze ou outro material absorvente, utilizar compressas impregnadas com *P. notatum* normalmente em associação com os filtrados líquidos e utilizar penicilina "bruta" em agar.

---

[171] Wyatt. Robert Pulvertaft's use of crude penicillin in Cairo, *op. cit.*

[172] Ibid.

[173] Raper, K. B., & Coghill, R. D. (1943). Correspondence - «Home made» penicillin. *The Journal of the American Medical Association, 123*(17), 1135.

[174] Cf. Wainwright. *Miracle cure - The story of penicillin and the golden age of antibiotics, op. cit.*, 68.

[175] Cf. Wainwright. The history of the therapeutic use of crude penicillin, *op. cit.*

Um número considerável de curas foi conseguido com a utilização de penicilina por métodos artesanais, mas os receios quanto à produção não controlada e à pureza dos filtrados produzidos acabou por limitar o seu uso[176]. Paralelamente a penicilina purificada ficou mais acessível tornado a utilização destes filtrados desnecessária.

As entidades oficiais não apoiaram a produção nem a utilização de penicilina "bruta" no início dos anos 40[177]. Embora houvesse alguns perigos provenientes da sua utilização numerosos estudos demonstram que a penicilina "bruta" poderia aliviar o sofrimento e inclusivamente salvar vidas[178].

Em 1944, Charlotte Dunayer e Lillian Buxbaum publicam o artigo "Crude Penicillin: Its Preparation and Clinical Use Externally"[179] no *Annals of Surgery* onde descrevem os métodos que utilizaram para produzir penicilina bruta bem como o sucesso que obtiveram na sua aplicação no Willard Parker Hospital, em Nova Iorque.

Em 1943 iniciou-se a produção de penicilina em larga escala tanto em Inglaterra como nos EUA, no entanto o fornecimento do medicamento às forças armadas absorvia a quase totalidade da produção não havendo penicilina suficiente para ser distribuída em hospitais civis ou em consultórios de clínica geral[180]. Em Agosto de 1943 o *British Medical Journal* publicou o comunicado "Supplies and distribution of penicillin"[181]. Esta nota informativa, da responsabilidade do Medical Research Council, alertava os profissionais de saúde para a possível inexistência de penicilina para uso civil até ao final da

---

[176] Raper & Coghill. Correspondence - 'Home made' penicillin, *op. cit.*

[177] Ibid.

[178] Wainwright. The history of the therapeutic use of crude penicillin, *op. cit.*

[179] Dunayer, C., Buxbaum, L., & Knobloch, H. (1944). Crude penicillin: it's preparation and clinical use externally. *Annals of Surgery, 119(5)*, 791–795.

[180] The Penicillin Position, *op. cit.*

[181] Medical Research Council. (1943). Supplies and distribution of penicillin. *British Medical Journal, 2*(4312), 274.

guerra e pedia à população para não efetuar pedidos do medicamento, visto ser impossível satisfazê-los[182]. Howard Florey recebia com frequência pedidos de penicilina de familiares de doentes, que necessitavam do medicamento para o seu tratamento, a estas cartas era obrigado a responder "não disponível" ou "lamento mas nada podemos fazer"[183].

Com o aperfeiçoamento dos métodos de produção da penicilina e consequente aumento das quantidades disponíveis foram implementados centros de investigação, em Inglaterra e nos EUA, para estudar as propriedades do medicamento e os métodos mais eficazes para a sua utilização. Apesar do incremento na produção as quantidades de penicilina existentes ainda eram limitadas e os primeiros trabalhos efetuados sobre o fármaco visaram o estudo das vias de administração e das doses ideias para o tratamento de infeções onde a utilização deste medicamento já havia sido comprovada. Com a descoberta de métodos mais rentáveis de produção as quantidades de penicilina aumentaram o que tornou possível a introdução do medicamento noutras áreas da terapêutica[184].

Em Inglaterra, o Medical Research Council constituiu o Committee on Clinical Trials of Penicillin. Este comité, responsável pela distribuição da penicilina para estudos terapêuticos[185], criou oito centros de investigação para determinar os métodos mais eficazes de utilização da penicilina, quatro centros dedicavam-se ao estudo da penicilina quando administrada por via sistémica enquanto os restantes estudavam a aplicação tópica do medicamento. Embora a finalidade dos centros fosse distinta a sua política era idêntica: estudar os casos em que a eficácia da penicilina estava compro-

---

[182] The Penicillin Position, *op. cit.*

[183] Bud, *Penicillin Triumph and Tragedy, op. cit.,* 59.

[184] The Penicillin Position, *op. cit.*

[185] Medical Research Council. Supplieis and distribution of penicillin, *op. cit.*

vada para a definição da dose mínima eficaz, estudar os métodos mais eficientes para a administração do fármaco bem como outros fatores dos quais dependesse o sucesso. Apesar da total colaboração entre o Ministry of Supply e as indústrias farmacêuticas a quantidade de penicilina produzida ainda era muito pequena não sendo suficiente para suportar as necessidades da população. Por esta razão os centros de investigação não eram do conhecimento geral[186]. Por razões de segurança os centros de investigação foram posicionados em diferentes zonas do país e a sua localização foi mantida em sigilo[187].

De acordo com o relatório de um desses centros[188], a penicilina tinha todas as propriedades necessárias para ser um bom agente quimioterapêutico, possuía uma elevada capacidade de inibir o crescimento das bactérias, não era afetada pelo ambiente, a existência de pus, soro ou sangue não afetavam a sua ação e era isenta de toxicidade para as células animais o que constituía uma grande vantagem em relação a todos os outros agentes conhecidos até então.

Em 1941 a penicilina utilizada pela equipa da Universidade de Oxford era produzida em quantidades muito pequenas e com baixo grau de pureza; a sua atividade era de aproximadamente 40 unidades por miligrama, mas em 1942, com o aperfeiçoamento das técnicas de produção e extração, a pureza conseguida já era de 500 unidades por miligrama. No entanto as perdas de produto durante o processo eram elevadas e só 15% era aproveitável. Apesar destas

---

[186] Ibid.

[187] Brown. *Penicillin man. Alexander Fleming and the antibiotic revolution*, *op. cit.*, 146.

[188] Barron, J. T., Mansfield, T., Christie, R. V, Morgan, H. V, Roxburgh, A. C., Mowlem, R., Robertson, I. M. (1944). An investigation of the therapeutic properties of penicillin - A report to the Medical Research Council. *British Medical Journal*, *1*(4345), 513–514.

dificuldades a penicilina obtida tinha um elevado poder inibitório e era pouco tóxica[189].

A aplicação tópica exigia quantidades muito inferiores de penicilina para se obter a cura e restaurar a função de um membro, permitindo o tratamento de um maior número de doentes. Estudos realizados nos centros de investigação concluíram que a dose correta de penicilina para tratamento de septicemias era de 120 000 unidades por dia, durante uma ou mais semanas, administradas por via sistémica. Deste modo, para o tratamento de um único caso clínico despendiam-se cerca de um milhão de unidades de penicilina, por seu lado com a aplicação tópica a utilização de alguns milhares de unidades de penicilina eram suficientes para se obter a cura. Por razões de escassez do medicamento também os casos em que se optasse pelo tratamento com penicilina deveriam ser criteriosamente escolhidos[190], tornando difícil a decisão entre utilizá-la em aplicação tópica para aliviar o sofrimento de vários feridos ou despender da mesma quantidade de medicamento para salvar a vida de uma única pessoa gravemente doente[191].

Durante a II Guerra Mundial Hugh Cairns, professor de cirurgia na Universidade de Oxford, foi o responsável pela criação das MNSU – Mobile Neurosurgical Unit (unidades móveis de neurocirurgia). Estas unidades móveis tinham como objetivo fornecer um tratamento médico especializado aos feridos da frente de combate, vinte e quatro a quarenta e oito horas após a lesão, estavam equipadas com a tecnologia necessária para o tratamento das feridas traumáticas do cérebro e com clínicos especializados na área da neurocirurgia. Foram criadas oito MNSU distribuídas pelos focos

---

[189] The Penicillin Position, *op. cit.*

[190] Barron et al.. An investigation of the therapeutic properties of penicillin – A report to the Medical Research Council, *op. cit.*

[191] The Penicillin Position, *op. cit.*

mais importantes de batalha. A unidade móvel número quatro foi destacada, em Dezembro de 1942, para o Norte de África e foi nesta unidade que Howard Florey e Hugh Cairns realizaram os primeiros ensaios sobre a eficácia da penicilina em feridas traumáticas do sistema nervoso[192]. Este estudo consistiu na aplicação tópica de penicilina em feridas traumáticas cérebro e demonstrou a utilidade do medicamento no tratamento deste tipo de lesões. O artigo "Gunshot wounds of the head in the acute stage"[193] publicado por Hugh Cairns, em 1944, no *British Medical Journal* descreve o resultado destes ensaios. Este estudo estava englobado numa investigação mais abrangente realizada por Cairns e Florey sobre a eficácia da penicilina em aplicação tópica no tratamento de feridas de guerra. O estudo decorreu no Norte de África durante o verão de 1943 e envolveu a colaboração de cirurgiões do exército britânico destacados no local. Foram estudados diferentes tipos de feridas de guerra como fraturas recentes, feridas recentes dos tecidos moles, feridas que já se encontravam infetadas e queimaduras, sendo escolhida a via de administração cutânea por requerer menores quantidade de medicamento. Os resultados do trabalho foram apresentados ao War Office e ao Medical Research Council através do relatório "A preliminary report to the War Office and the Medical Research Council on Investigations concerning the Use of Penicillin in War Wounds"[194]. Este relatório de caracter confidencial apesar de ter veiculado informações de grande interesse sobre a utilização clínica da penicilina

---

[192] Schurr, P. H. (2005). The evolution of field neurosurgery in the British Army. *Journal of the Royal Society of Medicine, 98*(9), 423–427

[193] Cairns, H. (1944). Gunshot wounds of the head in the acute stage. *British Medical Journal, 1*(4331), 33–37.

[194] Cairns, H., & Florey, H. (1943). *A preliminary report to the War Office and the Medical Research Council on Investigations concerning the Use of Penicillin in War Wounds*. London.

foi alvo de algumas críticas por não terem sido utilizados grupos de controlo na realização dos ensaios[195].

Os trabalhos efetuados por Cairns e Florey foram os primeiros a demonstrar a utilidade da penicilina no tratamento de lesões traumáticas do cérebro. Mais tarde outros autores, Edith Dumoff-
-Stanley, Harry F Dowling e Lewis K Sweet, estudaram a absorção e distribuição do medicamento no fluido cérebroespinal. Os autores através dos seus trabalhos experimentais comprovaram que a penicilina era eliminada muito lentamente do fluido cérebroespinal para o sangue e que o medicamento não era absorvido para este fluido quando administrado por via sistémica. Com base nestes resultados Stanley, Dowling e Sweet administraram penicilina por via intrarraquidiana para tratar infeções intracranianas tendo o medicamento demonstrado elevado valor terapêutico. Publicaram o resultado do seu trabalho em 1945 no *Journal of Clinical Investigation* através do artigo "The absorption into and distribution of penicillin in the cerebrospinal fluid"[196].

Estes estudos e os realizados por Cairns e Florey constituíram o ponto de partida para o desenvolvimento de outros trabalhos sobre a utilização da penicilina na neurocirurgia. Em 1947 foi publicado na revista *Proceedings of the Royal Society of Medicine* na sua rubrica *Section of Neurology* o artigo "Discussion on penicillin in neurology"[197]. Este artigo compila vários trabalhos de diversos autores sobre a utilização da penicilina na área da neurologia. O primeiro trabalho referenciado é da autoria de Hugh Cairns e aborda o tema "Penicillin in suppurative conditions of the brain and menin-

---

[195] Penicillin in battle wounds. (1943). *British Medical Journal*, 2(4327), 750.

[196] Dumoff-Stanley, E., Dowling, H. F., & Sweet, L. K. (1945). The absorption into and distribution of penicillin in the cerebrospinal fluid. *Journal of Clinical Investigation*, 25(1), 87–93.

[197] Discussion on penicillin in neurology. (1947). *Proceedings of the Royal Society of Medicine*, 40(12), 681–686.

ges". O autor expõe as bases gerais do tratamento com penicilina referindo os resultados que obteve com a utilização de diferentes vias de administração. Refere a utilização de penicilina no tratamento da paquimeningite purulenta, doença infetocontagiosa com um índice de mortalidade extremamente elevado, em que conseguiu curar seis dos onze pacientes tratados. Cairns descreve como foi possível com a "ajuda da penicilina"[198] extrair com sucesso abcessos cerebrais de difícil localização e que a utilização de penicilina reduziu significativamente a incidência das infeções pós-operatórias. Outro trabalho de significativo interesse foi apresentado por Honor V. Smith, clínico no Nuffield Department of Surgery em Oxford. No seu estudo "The treatment of leptomeningitis with penicillin" o autor descreve vários métodos utilizados no tratamento de diferentes formas de meningite e que independentemente das complicações que surgiram concluiu que a introdução da penicilina no tratamento desta patologia melhorou substancialmente o prognóstico da doença. No estudo seguinte "Penicillin in neurosyphilis" C. Worster-Drought refere que "a penicilina tem um lugar estabelecido e definitivo no tratamento da neuro sífilis"[199], menciona que os trabalhos realizados nas forças armadas Norte Americanas e Britânicas no decurso da II Guerra Mundial comprovaram o papel do medicamento no tratamento desta patologia mas que estudos subsequentes admitem a necessidade da utilização de doses superiores de penicilina e de períodos de tratamento mais prolongados.

Em 1949 Hugh Cairns publicou na revista *British Medical Journal* o artigo "Surgical aspects of meningites"[200]. Neste trabalho o autor refere que a penicilina contribuiu para o desenvolvimento de novas

---

[198] Ibid.

[199] Ibid.

[200] Cairns, H. (1949). Surgical aspects of meningitis. *British Medical Journal*, *1*(4613), 969–976.

técnicas cirúrgicas utilizadas no tratamento da meningite. Segundo Cairns a aplicação local de penicilina nas feridas do cérebro reduziu a incidência de infeção de 4.4% para 0.9%, mencionando também que antes do advento da penicilina as infeções intracranianas eram responsáveis por 25% das mortes pós-operatórias e que o medicamento contribuiu para a redução da mortalidade associada a este tipo de infeções.

Com o aumento da utilização clínica da penicilina, tornou-se fundamental controlar a qualidade do medicamento. O Therapeutic Substances Act, existente no Reino Unido desde 1925, era uma medida legislativa que tinha como objetivo controlar o fabrico, venda e importação de substâncias biológicas utilizadas na terapêutica. Em 1944 a penicilina foi incluída na lista de substâncias abrangidas pelo Therapeutic Substances Act e todas as formas de penicilina para uso comercial passaram a ser sujeitas a um controlo de qualidade, potência e pureza[201].

No início da utilização da penicilina os conhecimentos sobre os melhores meios e métodos de administração ainda eram escassos. Sabia-se que uma das grandes desvantagens da penicilina como agente quimioterapêutico era ser rapidamente eliminado pelo rim sendo necessárias injeções repetidas e frequentes para manter uma concentração sanguínea com eficácia terapêutica por longos períodos. Do ponto de vista do doente esta situação era indesejável e numerosos investigadores tentaram descobrir métodos que diminuíssem o número de injeções necessárias durante o período de tratamento. O método mais eficaz foi desenvolvido por Monroe J. Romansky e George E. Rittman em 1944[202] ao incorporavam a penicilina numa

---

[201] Cf. Bristow, A. F., Barrowcliffe, T., & Bangham, D. R. (2006). Standardization of biological medicines: the first hundred years, 1900-2000. *Notes and Records of the Royal Society, 60*(3), 271–289.

[202] Romansky, M., & Rittman, G. (1944). A method of prolonging the action of penicillin. *Science, 100*(2592), 196–198.

mistura de óleo de amendoim e cera de abelha. Esta mistura retardava a libertação da penicilina nos tecidos diminuindo o número de aplicações diárias necessárias para se manter uma concentração sanguínea eficaz. No entanto esta preparação apresentava alguns inconvenientes, à temperatura ambiente a mistura era sólida necessitando de ser aquecida entre 40° a 50°C para ficar liquefeita e o diâmetro da agulha necessário para a sua aplicação era muito largo o que provocava incómodo no doente. As dificuldades inerentes desta preparação levaram à procura de outras preparações que fossem líquidas à temperatura ambiente, que prolongassem as concentrações sanguíneas da penicilina e que pudessem ser administradas com uma agulha de diâmetro mais fino. Com este intuito o Ministry of Health patrocinou uma série de estudos, nos Laboratories of the Wright-Fleming Institute of Microbiology do St. Mary´s Hospital em Londres com o objetivo de comparar a concentração sanguínea de penicilina resultante incorporação desta em misturas de óleo de amendoim e cera de abelha e misturas de oleato de etilo e cera de abelha. A penicilina utilizada foi cedida pelos laboratórios Glaxo, Burroughs Wellcome, Imperial Chemical Industries, British Drug Houses e Boots Pure Drug Company[203].

Mais tarde outros autores descreveram novos métodos para prolongar os níveis séricos da penicilina após administração sistémica. Estas novas formulações minimizavam o desconforto da administração da penicilina e reduziram-na para uma aplicação diária. Este fator foi determinante pois permitiu diminuir os recursos médicos e de enfermagem necessários à administração do medicamento, tornando possível o tratamento dos doentes em ambulatório[204]. Como o tratamento de algumas infeções requeria a aplicação de injeções

---

[203] May, J. (1948). Penicillin in Oil-Wax Mixtures. *The British Journal of Venereal Diseases, 24*(1), 18.

[204] Wayne, E. J., Colquhoun, J., & Burke, J. (1949). The use of procaine penicillin with aluminium monostearate in adults. *British Medical Journal, 2*(4640), 1319–1322.

diárias durante vários dias a investigação prosseguiu no sentido de obter formulações que permitissem fazer o tratamento completo com apenas uma ou duas injeções[205].

À semelhança do que aconteceu no Reino Unido com o comunicado emitido pelo Medical Research Council sobre o fornecimento e distribuição penicilina, também nos EUA foi emitido, em Maio de 1943, um comunicado pelo Committee on Medical Research sobre o medicamento. Neste comunicado, "Penicillin - Statement released by the Committee on Medical Research"[206], são veiculadas informações sobre a utilidade terapêutica da penicilina no tratamento de doenças infeciosas e os esforços desenvolvidos para aumentar a sua produção. São apresentadas as dificuldades de produção do medicamento em larga escala como justificação para a inexistência de quantidades suficientes do fármaco para a sua distribuição na população civil. Em Dezembro de 1943 o Army Medical Department emitiu um comunicado elucidando o público sobre a distribuição da penicilina e esclarecendo que as quantidades do medicamento produzidas não eram suficientes para cobrir as atuais necessidades do fármaco[207].

Nos EUA também foram organizadas equipas de investigação para estudar a aplicabilidade terapêutica da penicilina. O Committee on Chemotherapeutic and Other Agents, comissão constituída pelo National Research Council e presidida pelo Dr. Chester S. Keefer, era responsável pelo estudo de agentes quimioterapêuticos. Em Agosto de 1943 foi publicado o resultado do estudo de 500 casos clínicos tratados com penicilina. O relatório "Penicillin in the treatment o

---

[205] Nelson, M. G., Talbot, J. M., & Binns, T. B. (1954). Benthamine penicillin: a new salt with a prolonged action. *British Medical Journal, 2*(4883), 339–341.

[206] Richards, A. N. (1943). Penicillin - Statement released by the Committee on Medical Research. *The Journal of the American Medical Association, 122*(4), 235–236.

[207] Surgeon general Kirk issues statement on penicillin. (1943). *The Journal of the American Medical Association, 123*(15), 974.

infections - A report of 500 cases"[208] apresentou o resultado dos trabalhos realizados por um grupo de 22 investigadores em que a penicilina foi utilizada no tratamento de 500 doentes. A penicilina utilizada nos ensaios foi fornecida pela Merck&Company, E. R. Squibb&Sons e Charles F. Pfizer Company, os custos de aquisição da penicilina foram suportados pelo Office of Scientific Research and Development. Devido à dificuldade de obtenção de penicilina foi restrito o número de doentes assim como as infeções estudadas. Foi dada prioridade às infeções mais recorrentes nos militares e aquelas que eram resistentes às sulfamidas. Foram utilizadas a via intravenosa, intramuscular e tópica como vias de administração do medicamento. Foram descritas as concentrações e a dosagem de penicilina utilizadas, referida a farmacocinética do medicamento, mencionados os métodos de preparação da penicilina para os tratamentos e pormenorizados os resultados obtidos no tratamento das diferentes patologias, sendo apresentada uma tabela ilustrativa. Do estudo concluíram que a penicilina era um excelente agente terapêutico, com baixa toxicidade e efeitos adversos raros.

Estudos sobre a aplicabilidade terapêutica da penicilina também foram realizados pelo exército dos EUA. Os trabalhos incidiram sobre a eficácia da penicilina no tratamento de infeções cirúrgicas tendo o seu resultado sido publicado em Dezembro de 1943 na revista *The Journal of the American Medical Association* através do artigo "Penicillin therapy of surgical infections in the U. S. Army"[209]. No relatório elaborado pelo Major Champs Lyons esclarece-se o objetivo do estudo, a conceção de dois centros de investigação para a sua realização e a seleção de clínicos que receberam formação especializada

---

[208] Keefer, C. S., Blake, F. G., Marshall, E. K., Lockwood, J. S., & Wood, W. B. (1943). Penicillin in the treatment o infections - A report of 500 cases. *The Journal of the American Medical Association, 122*(18), 1217–1224.

[209] Lyons, C. (1943). Penicillin therapy of surgical infections in the U. S. Army. *The Journal of the American Medical Association, 123*(16), 1007–1018.

para efetuarem os ensaios. O autor descreveu as vias de administração da penicilina, as reações adversas e dosagem recomendada de acordo com as patologias tratadas. O autor refere que foram estudados 209 casos clínicos em que a eficácia da penicilina foi testada no tratamento de infeções agudas e crónicas. Apresenta diversas tabelas onde estão esquematizados os resultados dos ensaios, concluindo que a via intramuscular é a mais eficaz para a administração do medicamento, que a dose eficaz é dependente do agente patogénico e que os efeitos adversos decorrentes do tratamento com penicilina não são graves e foram observados em somente 5% dos casos. Foi comprovada a ineficácia da penicilina no tratamento da endocardite estafilocócica e a necessidade de recorrer à intervenção cirúrgica para complementar o tratamento da osteomielite dos ossos longos. A penicilina demonstrou grande eficácia no tratamento fraturas infetadas, resultantes de tiros por armas de fogo.

Em Julho de 1943 o US Navy Bureau of Medicine and Surgery (departamento de medicina e cirurgia da marinha dos EUA) através da sua publicação interna de carater confidencial, *BUMED News Letter*, informou que a penicilina havia sido distribuída em alguns hospitais da marinha e que, assim que as quantidades produzidas o permitissem, a sua distribuição seria estendida aos demais hospitais. Dando seguimento a esta informação o Bureau of Medicine and Surgery veiculou as instruções necessárias para a instituição de uma terapêutica com penicilina. O documento "Letter of information and instructions on the use of penicillin"[210] veiculado no *BUMED News Letter*, esclarece sobre a origem e natureza da penicilina, sobre a estabilidade e condições de armazenamento do medicamento e os procedimentos que devem ser adotados para a reconstituição e administração do fármaco. Divulga também as patologias indicadas

---

[210] McIntire, R. T. (1943). Letter of information and instructions on the use of penicillin. *Bumed News Letter*, *2*(2), 20–24.

para o tratamento com penicilina e como deverá ser feita a seleção dos casos clínicos a serem tratados. A via de administração e a dosagem indicada para cada patologia foi igualmente descriminada assim como os possíveis efeitos adversos decorrentes da utilização do antibiótico. De acordo com esta circular, os hospitais deverão instituir um serviço de penicilina ficando o clínico responsável incumbido de organizar a distribuição do medicamento na unidade médica, veicular as informações necessárias para a sua utilização correta, proceder à seleção dos casos clínicos, supervisionar a administração do fármaco assim como recolher e reportar os resultados clínicos observados. Para cada caso clínico deveria ser descrito o historial da doença, os resultados clínicos e laboratoriais que corroboravam o diagnóstico, a dosagem e via de administração utilizadas, os resultados terapêuticos obtidos e eventuais efeitos adversos e dificuldades de administração. Com a compilação destes dados pretendia-se ampliar os conhecimentos existentes sobre a penicilina. Em Março de 1943, antes da publicação desta circular informativa, foram veiculadas informações sobre as propriedades terapêuticas da penicilina sendo feita referência que as dificuldades de produção do antibiótico impedem a sua distribuição generalizada[211].

Em Março de 1944 Wallace E. Herrell, investigador da divisão de medicina da Mayo Clinic, publicou o artigo "The clinical use of penicillin: an antibacterial agent of biologic origin"[212] onde descreveu o tratamento de 62 casos clínicos com penicilina naquela instituição. Refere as preparações de penicilina mais adequadas para a utilização clínica, mencionado a dosagem e as vias mais apropriadas para a administração do medicamento e os métodos de estandardização da penicilina. No artigo o autor esclarece que um dos primeiros estu-

---

[211] The clinical use of penicillin. (1943). *Bumed News Letter, 1*(2), 10–11.

[212] Herrell, W. E. (1944). The clinical use of penicillin: an antibacterial agent of biologic origin. *Journal of the American Medical Association, 124*(10), 622–627.

dos sobre penicilina nos EUA foi realizado por Martin H. Dawson e seus colaboradores em 1941 e que o seu trabalho incentivou estudos subsequentes sobre o medicamento naquele país. Um resumo do trabalho de Dawson foi publicado na revista *Journal of Clinical Investigation* com o título "Penicillin as a chemotherapeutic agent"[213] e foi apresentado em Maio de 1941 perante a American Society for Clinical Investigation. No trabalho os autores referem a atividade antibacteriana da penicilina bem como a sua utilização em infeções em humanos. Em 1942 Martin H. Dawson juntamente com Gladys L. Hobby iniciaram no Columbia-Presbyterian Hospital Medical Center um estudo com 100 casos clínicos tratados com penicilina. Na fase inicial do estudo a penicilina foi cedida pelo Charles F. Pfizer and Company e a partir de Agosto de 1942 o medicamento foi providenciado pelo Committee on Medical Research. O resultado deste trabalho "The clinical use of penicillin - Observations in one hundred cases"[214] foi publicado em Março de 1944 na revista *The Journal of the American Medical Association.*

Ainda em Março de 1944 Arthur L. Bloomfield, Lowell A. Rantz e William M. M. Kirby, do departamento de medicina do Stanford University School of Medicine publicaram o trabalho "The clinical use of penicillin"[215] onde relataram a sua experiência na utilização clinica da penicilina. Os autores esclarecem que foi constituída uma equipa para estudar e implementar tratamentos com penicilina. À semelhança dos estudos efetuados noutros centros de investigação foram analisadas as vias de administração mais eficazes para a implementação de tratamentos com penicilina, as dosagens mais

---

[213] Dawson, M. H., Hobby, G. L., Meyer, K., & Chaffee, E. (1941). Penicillin as a chemotherapeutic agent. *Journal of Clinical Investigation, 20*(4), 433–465.

[214] Dawson, M. H., & Hobby, G. L. (1944). The clinical use of penicillin - Observations in one hundred cases. *The Journal of the American Medical Association, 124*(10), 611–622.

[215] Bloomfield, A. L., Rantz, L. A., & Kirby, W. M. M. (1944). The clinical use of penicillin. *The Journal of the American Medical Association, 124*(10), 627–633.

adequadas e a toxicidade do medicamento. Em Novembro de 1944 Arthur L. Bloomfield, William M. M. Kirby voltam a abordar o medicamento. Em colaboração com Charles D. Armstrong realizaram um estudo para apurar as causas em que os tratamentos com penicilina falhavam. Na opinião apresentada pelos autores no seu trabalho "A study of 'penicillin failures'"[216] o estudo de qualquer medicamento deveria incluir as circunstâncias em que o medicamento é eficaz mas também aquelas em que não o é. De acordo com as suas observações as falhas no tratamento surgem quando os microrganismos são insensíveis ao medicamento e quando a dose utilizada ou tempo de tratamento são insuficientes para debelar as bactérias. Também concluíram que em alguns casos é necessário complementar o tratamento com uma limpeza cirúrgica do local.

A eficácia da penicilina no tratamento das doenças venéreas foi outro assunto que mereceu a atenção de inúmeros investigadores. As doenças venéreas e especialmente a sífilis são patologias que tiveram, e continuam a ter, um grande impacto na saúde pública[217]. Até ao surgimento dos antibióticos o seu tratamento era feito com compostos à base de arsénio e bismuto, os tratamentos eram prolongados, as injeções frequentes e o não cumprimento dos tratamentos tornava-os ineficazes[218] sendo propagação das doenças inevitável e constante.

Em tempos de guerra, as doenças venéreas tornavam-se numa preocupação acrescida para as entidades governamentais visto os soldados infetados ficarem incapacitados para combaterem. Durante a I Guerra Mundial o índice de infeção por doenças venéreas foi de

---

[216] Bloomfield, A. L., Kirby, W. M. M., & Armstrong, C. D. (1944). A study of «penicillin failures». *The Journal of the American Medical Association, 126*(11), 685–691.

[217] Cf. Doherty, L., Fenton, K. A., Jones, J., Paine, T. C., Higgins, S. P., Williams, D., & Palfreeman, A. (2002). Syphilis : old problem, new strategy. *British Medical Journal, 325*(7356), 153–156.

[218] Willcox, R. R. (1962). Treatment of early venereal syphilis with antibiotics. *British Journal Of Venereal Diseases, 38*(3), 109–125.

tal forma elevado que levou à constituição da Division of Venereal Diseases no Public Health Service (Serviço de Saúde Pública) dos Estados Unidos através do Chamberlain-Kahn Act em 1918[219]. Com o surgimento da II Guerra Mundial as entidades oficiais intensificaram as campanhas para o controlo das doenças venéreas fazendo um forte investimento na investigação para o tratamento e prevenção das mesmas[220]. O responsável pelo Public Health Service emitiu comunicados em diversas revistas científicas médicas e farmacêuticas referindo a importância exercida pelo farmacêutico na prevenção das doenças venéreas, este profissional de saúde de fácil acesso ao público, além de poder participar em campanhas educacionais também se encontrava num lugar chave para encaminhar os doentes para o médico de modo a receberem tratamento[221].

Em Junho de 1943, John F. Mahoney responsável pelo Venereal Disease Research Laboratory juntamente com R. C. Arnold e A. D. Harris realizaram um estudo sobre a aplicabilidade terapêutica da penicilina na sífilis primária. Foram tratados quatro doentes com penicilina por via intramuscular de 4 em 4 horas durante 8 dias. Do resultado do ensaio os autores concluíram que a penicilina era um agente eficaz no tratamento da doença, não detinha efeitos tóxicos mas o número de casos tratados era insuficiente para determinar a inexistência de recaídas. Este trabalho foi proferido no Seventy-second Annual Meeting da Epidemiology Section of the American Public Health Association que decorreu em Nova Iorque a 14 de Outubro de 1943 e publicado em Dezembro na revista *American Journal of Public Health* com o título "Penicillin treatment of early

---

[219] Cf. Parascandola. John Mahoney and the Introduction of Penicillin to Treat Syphilis, *op. cit.*

[220] Cf. Lesch. *The First Miracle Drugs: How the Sulfa Drugs Transformed Medicine, op. cit.*, 227.

[221] Cf. Parascandola. John Mahoney and the Introduction of Penicillin to Treat Syphilis, *op. cit.*

syphilis - A preliminary report"[222]. Também em 1943 uma equipa de investigadores da Mayo Clinic estudou a utilização da penicilina no tratamento de infeções provocadas pela *Neisseria gonorrhoeae* resistentes às sulfamidas. No seu trabalho "Use of penicillin in sulfonamide resistant gonorrheal infections"[223] indicam que a penicilina é eficaz no tratamento de *Neisseria gonorrhoeae* resistente às sulfamidas mas que devido à escassez do medicamento este deve ser reservado para o tratamento de casos de gonorreia onde métodos habitualmente utilizados demonstraram ser ineficazes.

No seguimento do relatório preliminar sobre a eficácia da penicilina no tratamento da sífilis, John F. Mahoney e colaboradores publicaram em Setembro de 1944 no *The Journal of the American Medical Association* o artigo "Penicillin treatment of early syphilis: II"[224] que resultou de uma comunicação proferida a 15 de Junho perante a Section on Dermatology and Syphilology no Ninety-Fourth Annual Session of the American Medical Association realizado em Chicago. Os trabalhos descritos foram realizados no Venereal Disease Research Laboratory e no United States Marine Hospital e referem-se ao seguimento dos quatro doentes tratados com penicilina mencionados no relatório preliminar e a 100 novos casos de sífilis aos quais foi instituída uma terapêutica com o medicamento. Os resultados obtidos confirmaram as observações iniciais sobre a eficácia da penicilina no tratamento da sífilis e permitiram constatar que existem vantagens na instituição precoce do tratamento.

---

[222] Mahoney, J. F., Arnold, R. C., & Harris, A. D. (1943). Penicillin treatment of early syphilis - A preliminary report. *American Journal of Public Health*, *33*(12), 1387–1391.

[223] Herrell, W. E., Cook, E. N., & Thompson, L. (1943). Use of penicillin in sulfonamide resistant gonorrheal infections. *The Journal of the American Medical Association*, *122*(5), 289–292.

[224] Mahoney, J. F., Arnold, R. C., Sterner, B. L., Harris, A. D., & Zwally, M. R. (1944). Penicillin treatment of early syphilis: II. *The Journal of the American Medical Association*, *126*(2), 63–67.

Os resultados positivos obtidos nos trabalhos preliminares desenvolvidos por Mahoney levaram à realização de um ensaio de grande dimensão para determinar o impacto da penicilina no tratamento da sífilis em humanos. O ensaio contou com o apoio das entidades oficiais Norte Americanas, nomeadamente o National Research Council e o Committee on Medical Research, decorreu em 23 clinicas e centros de investigação englobando estabelecimentos militares e civis. A penicilina utilizada no estudo foi cedida pelas forças armadas, pelo Public Health Service e pelo Office of Scientific Research and Development. Os resultados do ensaio foram publicados em Setembro de 1944 no *The Journal of the American Medical Association* com o título "The treatment of early syphilis with penicillin - A preliminary report of 1418 cases"[225]. O estudo consistiu no tratamento de 1418 doentes diagnosticados com sífilis primária utilizando esquemas de tratamento pré definidos com o objetivo de apurar a dose e o tempo de tratamento mais eficaz. Foram delimitados critérios de inclusão no estudo só podendo ser aceites doentes que satisfizessem estes critérios. Neste ensaio ficou comprovada a eficácia da penicilina no tratamento da sífilis, foi definida a dose mínima eficaz e a via de administração preferencial, não foi possível determinar o tempo de tratamento ideal visto este estar dependente da incidência de recaídas.

A possibilidade de tratamento da sífilis com penicilina constituiu uma enorme mais-valia para a sociedade, no entanto, em época de guerra, foi nos militares que mais se fizeram sentir os benefícios desta nova forma de tratamento. Com a penicilina os médicos militares podiam tratar os soldados infetados e reenvia-los rapidamente

---

[225] Moore, J. E., Mahoney, J. F., Schwartz, W., Sternberg, T., & Wood, W. B. (1944). The treatment of early syphilis with penicillin - A preliminary report of 1418 cases. *The Journal of the American Medical Association, 126*(2), 67–73.

para a frente de combate[226]. Em certas ocasiões e devido às baixas elevadas foi dado prioridade ao tratamento dos soldados infetados com sífilis sobre os feridos de guerra[227].

Até Outubro de 1948 mais de meio milhão de doentes com sífilis já tinha sido tratado com penicilina, sendo a percentagem de insucesso extremamente baixa[228].

Noutras áreas o tratamento e a cura das doenças venéreas com penicilina também tiveram um grande impacto, alterando de forma significativa o comportamento sexual da sociedade[229].

2.7. A industrialização da penicilina no pós-guerra

Nos primeiros cinco meses de 1943 foram produzidas 400 milhões de unidades de penicilina, quantidade suficiente para satisfazer as necessidades dos militares. Nos 7 meses seguintes produziram-se 20.5 biliões de unidades, um aumento de mais de 500 vezes e em Junho de 1944, aquando do Dia D, a produção de penicilina era de 100 biliões de unidades mensais, suficientes para o tratamento de 40 000 doentes[230], ou seja, todos os feridos de guerra. A partir dessa data a penicilina começou também a ser distribuída nos hospitais civis e em Agosto de 1945 já eram produzidas 650 biliões de

---

[226] Cf. Brown. *Penicillin man. Alexander Fleming and the antibiotic revolution, op. cit.*, 151.

[227] Cf. Parascandola. John Mahoney and the Introduction of Penicillin to Treat Syphilis, *op. cit.*

[228] Thomas, E. W. (1949). Rapid treatment of syphilis with penicillin. I. A survey of the problem. *Bulletin of the World Health Organization, 2*(17), 233–248.

[229] Willcox, R. R. (1967). Fifty Years since the Conception of an Organized Venereal Diseases Service in Great Britain: The Royal Commission of 1916. *British Journal Of Venereal Diseases, 43*(1), 1–9.

[230] Cf. Monnet, D. L. (2004). Antibiotic development and the changing role of the pharmaceutical industry. Em *The global threat of antibiotic resistence: exploring roads towards concerted action* (p. 11). Uppsala, Sweden: Dag Hammarskjold Foundation, 11.

unidades de penicilina todos os meses[231] o que permitiu que fosse disponibilizada e fornecida aos canais habituais de distribuição de medicamentos ficando disponível em farmácias comunitárias para o público em geral[232]. A indústria Britânica demorou mais um ano para conseguir satisfazer as suas necessidades e só em 1946[233] é que a penicilina começou a ser comercializada ao público como medicamento de prescrição médica obrigatória[234]. Com o aumento da produção de penicilina o controlo governamental sobre a distribuição do medicamento também diminuiu na europa[235] como noutros continentes[236].

Quando a produção de penicilina atingiu níveis suficientes começou a ser distribuída nos hospitais civis. Nesta altura os conhecimentos gerais sobre a utilização do medicamento ainda eram escassos[237]. Os clínicos gerais eram confrontados com a necessidade de irem adquirindo experiência com a utilização da penicilina à medida que iam tratando os seus doentes. As bases terapêuticas do tratamento com o medicamento já estavam descritas na literatura[238] e eram constantemente atualizadas[239] mas a experiência prática tinha que

---

[231] Cf. Queijo. *Breakthough - How the 10 greatest discoveries in medicine saved millions and changed our view of the world, op. cit.*, 155.

[232] Cf. Bud. *Penicillin Triumph and Tragedy, op. cit.*, 61.

[233] Cf. Ibid, 61.

[234] Medical Notes in Parliament, Penicillin Bill. (1947). *British Medical Journal*, *1*(4499), 428–431.

[235] Ministério da Economia. (1945). Venda de penicilina. *Jornal do Médico*, *6*(147), 765.

[236] Editorials. (1945). Government control of penicillin relaxed. *Canadian Medical Association Journal*, *52*(March), 287–289.

[237] May, H. B. (1944). Penicillin in civilian practice. *British Medical Journal*, *2*(4381), 817–818.

[238] Discussion on cases treated by penicillin. (1944). *Proceedings of the Royal Society of Medicine*, *37*(9), 499–506.

[239] Buggs, C. W. (1947). Antibiotic Agents and Some General Principles of Antibiotic Therapy. *Journal of the National Medical Association*, *39*(2), 45–57.

ser adquirida por cada um[240]. As dificuldades em estabelecer os meios e tempos de tratamento surgiam com frequência[241].

Em 1946 foi editado, em Inglaterra, um livro que resultou da compilação de trabalhos de investigação sobre a penicilina realizados por vários autores britânicos[242]. Neste tratado são abordados todos os aspetos referentes à penicilina desde aspetos químicos, de produção, de farmacologia e de aplicação clínica. Numa época em que os conhecimentos dos clínicos gerais sobre a utilização da penicilina ainda eram escassos, este tratado veio fornecer todas as informações necessárias para a utilização mais correta do medicamento[243].

No pós-guerra duas classes de medicamentos estimularam grandemente o desenvolvimento da indústria farmacêutica, os antibióticos e os psicofármacos. Estes produtos criaram novos mercados de grande procura que obrigou a profundas alterações na investigação e no desenvolvimento de novos medicamentos que se refletiu na capacidade, organização e tamanho das indústrias produtoras[244]. A produção de penicilina foi sem dúvida o resultado mais evidente da colaboração entre as diversas entidades e na capacidade de adaptação da indústria, no entanto, outras se seguiram das quais resultaram claras vantagens para a saúde pública. Áreas como a cirurgia ortopédica, nutrição, quimioterapia e transfusões sanguíneas são exemplo disso[245].

---

[240] Robinson, G. L. (1947). Penicillin in general practice. *Postgraduate Medical Journal*, *23*(256), 86–92.

[241] Ruggy, H. G. (1946). Recent Advances in Pharmacology and Materia Medica. *The Ohio Journal of Science*, *46*(4), 208–210.

[242] Fleming. History and development of penicillin, *op. cit.*

[243] The future of penicillin. (1946). *British Medical Journal*, *2*(4476), 581–582.

[244] Cf. Liebenau, J. (1990). The rise of the British pharmaceutical industry. *British Medical Journal*, *301*(6754), 724–729.

[245] Cf. Casper, S. T. (2008). The origins of the Anglo-American Research Alliance and the incidence of civilian neuroses in Second World War Britain. *Medical history*, *52*(3), 327–46.

A pesquisa de novos medicamentos começou assim a ter um novo rumo no pós-guerra[246] e os esforços concertados exercidos para a produção massificada da penicilina tiveram como objetivo a produção de um medicamento destinado a aliviar o sofrimento das populações, especialmente os feridos de guerra, mas as alterações que ocorreram com o grande desenvolvimento da indústria farmacêutica fizeram com que a vertente comercial e económica passassem a ser fatores preponderantes no desenvolvimento de novas moléculas.

O registo de patentes sobre medicamentos foi outra questão que sofreu grandes alterações no período que se seguiu à II Guerra Mundial. Embora as primeiras patentes registadas datem de 1421 em Florença, Itália, e a primeira lei com vista a proteger a exclusividade e conceder licença e direitos ao autor para a exploração de um invento tenha sido promulgada em 1474 em Veneza[247], no sector do medicamento poucas eram as patentes que se encontravam registadas antes da II Guerra Mundial e, inclusivamente, nalguns países, como na Suíça, era expressamente proibido pela constituição patentear produtos químicos e farmacêuticos[248].

Após o histórico conflito bélico a indústria farmacêutica iniciou uma nova etapa do seu desenvolvimento, ocorrendo o despoletar da investigação de novas moléculas e a necessidade de patentear essas descobertas[249]. No caso da penicilina o registo da sua patente não foi unânime sendo motivo de discórdia entre Howard Florey e

---

[246] Burns. Wartime research to post-war production: Bacinol, dutch penicillin, 1940-1950, *op. cit.*

[247] Machlup, F. (1958). *An Economic Review of the Patent System.* Washinton: United States Goverment Printing Office, 2.

[248] Cf. Boldrin, M., & Levine, D. (2008). *Against intellectual monopoly.* Cambridge University Press Cambridge, 216.

[249] Cf. Worthen, D. (2003). American pharmaceutical patents from a historical perspective. *International Journal of Pharmaceutical Compounding,* 7(6), 36–41.

Ernst Chain[250]. Na opinião de Florey "a população investiu neste trabalho [penicilina] como tal deveria ter um livre acesso aos seus benefícios", Chain, por seu lado, era da opinião que o medicamento deveria ser patenteado não para ganho pessoal mas para a obtenção de verbas para futuras investigações. Essa discordância levou Florey a aconselhar-se junto de vários investigadores proeminentes da época que foram unânimes na sua opinião, isto é, o patentear de uma descoberta pública não era ético[251].

Nos EUA, Andrew Moyer, investigador do Northern Regional Research Laboratory em Peoria, tentou patentear a descoberta dos aditivos que permitiram aumentar a produção de penicilina, criando alguma tensão nas relações com os aliados. O processo de fermentação utilizado para a produção do medicamento também foi alvo de disputa entre os EUA e o Reino Unido[252]. Os EUA conseguiram registar patente para o método de produção da penicilina e o Reino Unido viu-se obrigado a pagar direitos aos americanos para a utilização do método[253]. Esses acontecimentos alteraram por completo o modo dos britânicos encararem a questão das patentes e quando, anos mais tarde, Edward Abraham (membro da equipa de Oxford) desenvolveu a cefalosporina registou patente de todas as variantes químicas da molécula[254].

Durante uma década após o final da II Guerra Mundial vários países tentaram obter penicilina. Em 1945 nos EUA e em 1946 no Reino

---

[250] Cf. Lai, J. C. (2009). Article Penicillins : Their Chemical History and Legal Disputes in New Zealand. *Chemistry in New Zealand*, (July), 116–124.

[251] Cf. Monnet. Antibiotic development and the changing role of the pharmaceutical industry, *op. cit.*

[252] Cf. Bud. *Penicillin Triumph and Tragedy, op. cit.*, 50.

[253] Cf. Burns. Wartime research to post-war production: Bacinol, dutch penicillin, 1940-1950, *op. cit.*

[254] Cf. Lax. *The Mold in Dr. Florey's Coat. The story of the penicillin miracle, op. cit.*, 229.

Unido[255] a produção deste medicamento era suficiente para satisfazer as suas necessidades no entanto noutros países europeus, asiáticos e africanos a produção de penicilina ainda era inadequada[256].

No final da II Guerra Mundial duas agências internacionais, a United Nations Relief and Rehabilitation Agency (UNRRA) e mais tarde a World Health Organization (WHO), fundaram e financiaram uma rede de laboratórios produtores de penicilina, principalmente no sul e leste da Europa[257]. A UNRRA foi inicialmente formada com fins humanitários distribuindo alimentos às nações europeias com dificuldades. O Canadá teve um papel importante nesta instituição dado que em Julho de 1945 a Universidade de Toronto fabricou e forneceu penicilina a diversos países e nos meses seguintes os canadianos acordaram apoiar a instalação de fábricas de penicilina e formar técnicos qualificados nos países interessados. O apoio do Canadá permitiu transferir a tecnologia de produção deste medicamento das nações aliadas para o restante continente europeu e mais tarde para a Ásia. Durante 1946 e 1947 cinco países, Itália, Bielorrússia, Ucrânia, Polónia e Checoslováquia construíram fábricas e adquiriram formação[258]. A Jugoslávia e a China também receberam apoio. Embora consideradas de pequenas dimensões essas fábricas tinham a capacidade de produzir 40 biliões de unidades de penicilina mensais[259].

Com o aumento da produção de antibióticos nos países europeus diminuíram consideravelmente as importações vindas dos EUA. Relativamente à penicilina, em 1949 foram feitas exportações dos EUA para a Europa, no valor de 8654 milhares de dólares mas em

---

[255] Medical Notes in Parliament, Penicillin Bill, *op. cit.*

[256] Cf. Bud. *Penicillin Triumph and Tragedy, op. cit.*, 75.

[257] Cf. Bud. *Penicillin Triumph and Tragedy, op. cit.*, 84–85.

[258] Cf. Burns. Wartime research to post-war production: Bacinol, dutch penicillin, 1940-1950, *op. cit.*

[259] Cf. Bud. *Penicillin Triumph and Tragedy, op. cit.*, 86.

1954 esse valor diminuiu para 1700 milhares de dólares, o que correspondeu a um decréscimo de 80.4%. Como o consumo de antibióticos aumentou durante este período, o decréscimo das exportações dos EUA pode ser justificado pelo aumento da produção destes medicamentos na Europa[260].

A introdução dos antibióticos contribuiu para a redução da mortalidade por doenças infeciosas[261]. Em 1938 a principal causa de morte nas crianças, até aos 5 anos, era a pneumonia[262], em 1954 o número de mortes provocado por esta patologia, nos EUA, tinha decrescido para um quarto dos valores anteriormente existentes, as mortes causadas por febre reumática e doença cardíaca reumática também sofreram uma acentuada redução[263].

Para além de contribuir para a redução das taxas de mortalidade a introdução da penicilina também foi um fator crucial para a diminuição do número de portadores de infeções das vias aéreas superiores[264]. As infeções por estafilococos eram causadoras de elevadas taxas de mortalidade de morbilidade, a penicilina contribuiu para alterar este cenário reduzindo a mortalidade associada a este tipo de infeção[265]. A pneumonia pneumocócica detentora de índices de mortalidade muito elevados, rondando os 40%, viu estes valores consideravelmente reduzidos dois anos após a intro-

---

[260] Comissão Reguladora dos Produtos Químicos e Farmacêuticos. (1956). *Medicamentos especializados e produtos químicos medicinais - volume I*. Lisboa, 21.

[261] Cf. Powers, J. H. (2004). Antimicrobial drug development--the past, the present, and the future. *Clinical microbiology and infection : the official publication of the European Society of Clinical Microbiology and Infectious Diseases, 10 Suppl 4*, 23–31.

[262] Cruickshank, R. (1945). Infection in infancy. *Archives of Disease in Childhood, 20*(104), 145–150.

[263] Bud. *Penicillin Triumph and Tragedy, op. cit.*, 99.

[264] Cruickshank, R. (1950). Prevention and control of infection. *British Medical Journal, 1*(4644), 25–30.

[265] Whitby, L. (1948). The Changing Face of Medicine. *British Medical Journal, 2*(4565), 2–6.

dução da penicilina com a diminuição destes níveis para valores inferiores a 9%[266].

A saúde materna também foi uma das áreas que mais benefícios sofreu com a introdução dos antibióticos, a mortalidade materna decresceu grandemente passando de uma média 4.3 mortes por cada 1000 nascimentos entre 1931 e 1935 para uma média de 0.702 mortes por cada 1000 nascimentos entre 1951 e 1955[267]. Outros fatores como a melhoria das condições básicas de saúde materno-infantil, da alimentação, o desenvolvimento de técnicas de obstetrícia e a transferência do nascimento para o hospital também exerceram um contributo importante no decréscimo das taxas de mortalidade associadas ao nascimento[268].

Com a revolução introduzida na medicina pelos antibióticos os clínicos puderam combater pela primeira vez a causa da infeção e não somente os sintomas[269].

A alteração do conceito de hospital foi também uma das principais consequências da revolução introduzida na medicina pelos antibióticos[270]. Até à era dos antibióticos os hospitais dedicavam-se à realização de cirurgias e ao internamento de doentes para convalescenças prolongadas, com a introdução dos antibióticos isto foi alterado. As admissões hospitalares nos EUA subiram 40% desde a II Guerra Mundial até 1960 e no Reino Unido, desde 1938, o número

---

[266] Maclachlan, W. W. G., Bracken, M. M., Lynch, M. P., & Bailey, W. R. (1949). A comparison of intramuscular and oral penicillin in pneumococcic pneumonia. *Canadian Medical Association Journal*, *61*(August), 134–137.

[267] Cf. Loudon, I. (1986). Deaths in childbed from the eighteenth century to 1935. *Medical history*, *30*(1), 1–41.

[268] Cf. Fox, E. (1991). Powers of life and death: aspects of maternal welfare in England and Wales between the wars. *Medical history*, *35*(3), 328–52.

[269] Cf. Macfarlane, J. T., & Worboys, M. (2008). The changing management of acute bronchitis in Britain, 1940-1970: the impact of antibiotics. *Medical history*, *52*(1), 47–72.

[270] Cf. Bud. *Penicillin Triumph and Tragedy, op. cit.*, 99.

de camas disponíveis quase duplicou[271]. As tecnologias utilizadas para o diagnóstico e tratamento, assim como o tamanho e a velocidade de processamento nos hospitais também beneficiaram com a penicilina. Cirurgias mais ousadas puderam ser efetuadas pois o anterior risco de infeção a elas associado era passível de ser controlado por antibióticos[272].

A osteomielite aguda detinha índices de mortalidade bastante elevados antes da introdução da penicilina especialmente devido a infeções estreptocócicas e a intervenção cirúrgica não melhorava o prognóstico[273], aproximadamente 25% dos casos terminava com a morte do doente. A partir da utilização da penicilina este cenário alterou-se e a taxa de mortalidade foi reduzida drasticamente[274].

As alterações terapêuticas introduzidas pela penicilina na medicina são amplamente conhecidas no entanto existem outras implicações que à primeira vista não são tão evidentes. Até à II Guerra Mundial a interligação entre os vários intervenientes na produção dos medicamentos era praticamente inexistente mas com a divulgação das propriedades terapêuticas da penicilina e a necessidade urgente da sua produção massificada a concertação de esforços entre investigadores, indústria, governos e clínicos foi imperativa. Com a II Guerra Mundial surgiu a biomedicina, havendo uma conjugação entre a química, a biologia e as investigações realizadas por académicos e pela indústria farmacêutica[275]. A obrigatoriedade da realização de

---

[271] Ibid.

[272] Woodhall, B., Neill, R. G., & Dratz, H. M. (1949). Ultraviolet radiation as an adjunct in the control of post-operative neurosurgical infection. II Clinical experience 1938-1948. *Annals of Surgery, 129*(6), 820–824.

[273] Cf. Butler, C. (1979). Surgery-before and after penicillin. *British Medical Journal, 2*(6188), 482–483.

[274] Ibid.

[275] Cf. Quirke, V., & Gaudillière, J.-P. (2008). The era of biomedicine: science, medicine, and public health in Britain and France after the Second World War. *Medical history, 52*(4), 441–52.

ensaios clínicos foi outro facto importante introduzido nos EUA a partir de 1962. A FDA (Food and Drug Agency) ficou responsável pela verificação da realização de ensaios de toxicidade e eficácia nos medicamentos destinados à comercialização[276]. A introdução de métodos estatísticos para a análise dos dados obtidos também constituiu uma novidade nesta área[277]. Neste contexto foram desenvolvidos protocolos experimentais, utilizados grupos de controlo e aplicadas técnicas informáticas que permitiram assegurar a existência de uma maior comparabilidade, controlo, homogeneidade e objetividade nas práticas médicas[278]. Com a introdução dos ensaios clínicos além de se promover uma maior segurança nos medicamentos também se pretendia tornar a medicina mais eficaz e racional. Mesmo antes da existência de meios financeiros, institucionais e organizacionais vários investigadores tinham a noção do valor dos ensaios clínicos controlados mas só com a II Guerra Mundial é que foram instituídos programas que estimularam e permitiram a sua realização em larga escala. No Reino Unido, em 1946, clínicos, bacteriologistas, radiologistas e peritos em estatística juntaram-se para formar o Tuberculosis Chemiotherapy Trials Committee organizando o que seria o primeiro estudo clínico controlado randomizado mundial[279].

No Reino Unido após a II Guerra Mundial a criação do National Health Service (Serviço Nacional de Saúde) contribuiu para a socialização da medicina, esta passou de ter uma vertente puramente científica para passar a ter uma vertente social, com igualdade de

---

[276] Ibid.

[277] Cf. Rigal, C. S. (2008). Neo-clinicians, clinical trials, and the reorganization of medical research in Paris hospitals after the Second World War: the trajectory of Jean Bernard. *Medical history*, *52*(4), 511–34.

[278] Ibid.

[279] Cf. Valier, H., & Timmermann, C. (2008). Clinical trials and the reorganization of medical research in post-Second World War Britain. *Medical history*, *52*(4), 493–510.

acesso para toda a população[280]. A medicina preventiva também passou a ser encarada como uma ciência destinada a promover a investigação dos riscos associados a determinadas ocupações, como por exemplo a maior incidência de doenças coronárias em algumas profissões e a maior incidência de delinquência juvenil em certas localidades. Mais uma vez a estreita colaboração entre profissionais de saúde foi fomentada desta vez entre hospitais, universidades e clínicos de modo a se obter um bem final comum. Com a introdução do National Health Service em Inglaterra houve uma melhoria significativa da saúde da população britânica, a esperança de vida e a natalidade aumentaram e as taxas de mortalidade diminuíram[281].

---

[280] Cf. Stewart, J. (2008). The political economy of the British National Health Service, 1945-1975: opportunities and constraints? *Medical history, 52*(4), 453–70.
[281] Ibid.

3. A PENICILINA EM PORTUGAL

3.1. A receção da penicilina em Portugal

A descoberta da penicilina em 1928 e a sua introdução na terapêutica nos anos 40 do século XX veio alterar radicalmente o prognóstico do tratamento das doenças infeciosas[282]. O percurso habitual da prática médica modificou-se profundamente e passaram a salvar-se inúmeras vidas consideradas perdidas[283]. Foi uma das descobertas científicas mais mediáticas da história da medicina e da farmácia e constituiu o ponto de partida para a investigação de novos antibióticos[284].

Apesar das dificuldades na obtenção de publicações científicas estrangeiras atualizadas[285] as revistas médico-farmacêuticas portuguesas preocuparam-se em divulgar informações sobre a penicilina.

A primeira referência que encontrámos em Portugal à penicilina data de 1943 e foi veiculada pelo *Jornal do Médico* na sua rubrica

---

[282] Queijo. *Breakthough - How the 10 greatest discoveries in medicine saved millions and changed our view of the world, op. cit.*, 142.

[283] Waller. *Fabulous science: fact and fiction in the history of scientific discovery, op. cit.*, 247.

[284] Lesch. *The First Miracle Drugs: How the Sulfa Drugs Transformed Medicine, op. cit.*, 275.

[285] Rico, J. T. (1944b). Progressos na quimioterapia: fungos e bactérias. *Jornal da Sociedade das Ciências Médicas de Lisboa, 108*(1-3), 5–37.

Novidades Científicas[286]. Ainda em 1943 a revista *Actualidades e Utilidades Médicas* publicou o artigo "Penicilina"[287] mencionando a eficácia do antibiótico contra diversos microrganismos patogénicos. Em Janeiro de 1944 J. Toscano Rico proferiu, na alocação presidencial de uma sessão da *Sociedade das Ciências Médicas de Lisboa* a comunicação "Progressos na quimioterapia: fungos e bactérias"[288]. Neste trabalho o autor referiu os avanços que surgiram no domínio da quimioterapia, nomeadamente o aparecimento da penicilina. Sobre este medicamento Toscano Rico descreveu a sua descoberta por Alexander Fleming e as dificuldades encontradas na sua purificação até aos trabalhos realizados pela equipa de cientistas da Universidade de Oxford. Explicou pormenorizadamente o método utilizado pela equipa desta universidade para extrair e purificar a penicilina e apresentou um quadro sobre a ação da penicilina em várias bactérias. O autor abordou a problemática da fármaco-resistência adquirida pelas bactérias tratadas com quantidades insuficientes de penicilina, tendo noção da "importância terapêutica de tal constatação"[289]. Para Toscano Rico "a Penicilina, pela forte ação bacteriostática que exerce sobre um grande número de bactérias, é o agente quimioterápico mais ativo até agora conhecido neste domínio. A sua fraca toxicidade torna-a um medicamento precioso"[290]. No entanto também reconheceu os inconvenientes resultantes da necessidade da administração por via parentérica e da utilização de "doses repetidas e a curtos intervalos"[291] e na sua opinião a síntese química e o aparecimento

---

[286] Substancias bactericidas extraídas dos fungos (1943). *Jornal do Médico*, *3*(61), 299.

[287] Penicilina (1943). *Actualidades e Utilidades Médicas*, *2*, 182–183.

[288] Rico. Progressos na quimioterapia: fungos e bactérias, *op. cit.*

[289] Ibid.

[290] Ibid.

[291] Ibid.

de derivados mais estáveis facilitarão a sua utilização na terapêutica e "a merecer a preferência dos clínicos"[292].

O *Jornal do Médico* de 15 de Janeiro de 1944 publicou "Uma maravilha da medicina moderna - A Penicilina" onde resumiu um artigo divulgado pela revista *Semana Médica Espanhola* sobre a penicilina que fora enviado para esta revista pelo adido de imprensa da Embaixada dos Estados Unidos da América (EUA) em Madrid. O artigo apresenta as propriedades da penicilina, descreve o seu valor terapêutico, os métodos de produção e o empenho existente para aumentar a sua produção. É expressa a opinião que a síntese química constituirá o futuro para a produção em larga escala da penicilina. O artigo termina afirmando que a penicilina é uma "maravilhosa conquista da Medicina moderna"[293].

Em Fevereiro de 1944 José Garrett publicou na revista *Portugal Médico* um artigo de revisão intitulado "A Penicilina"[294]. Este trabalho baseado em revistas científicas de renome, inglesas e americanas, como o *The Lancet, British Medical Journal, The Journal of Biology and Pathology* e *The Journal of the American Medical Association* pretende colmatar, segundo o seu autor, algumas lacunas existentes na informação sobre o "famoso" medicamento criadas pelas poucas referências existentes nas revistas científicas nacionais e pela informação pouco exata veiculada nos jornais noticiosos. José Garrett faz uma breve introdução histórica sobre a descoberta, purificação e introdução da penicilina na terapêutica. Explica pormenorizadamente os meios de cultura utilizados, modos de extração e purificação, atividade *in-vitro*, testes utilizados para determinar a atividade da penicilina e as unidades de referência. Faz, também,

---

[292] Ibid.

[293] Uma maravilha da medicina moderna - A Penicilina (1944). *Jornal do Médico*, 4(76), 121.

[294] Garrett, J. (1944). A Penicilina. *Portugal Médico*, 28(2), 91–98.

referência às vias de administração e de eliminação do medicamento e às doses terapêuticas utilizadas. Aborda a dificuldade de obtenção do fármaco. Na sua opinião só após a determinação da fórmula química é que a penicilina poderá ser sintetizada quimicamente tornando-se mais acessível. Segundo o autor poucos avanços têm sido feitos nesta área apesar de já ter sido descoberta por Chain e Gardner a estrutura química de um outro antibiótico, a gramicidina. O autor termina comentando "o futuro reserva, certamente, a este poderoso medicamento, um notabilíssimo papel no tratamento de muitas infeções"[295].

As várias referências sobre a penicilina encontradas na literatura científica nacional demonstram que os clínicos portugueses possuíam informação e conhecimentos atualizados sobre ela mas a inexistência do fármaco no país impedia que comprovassem a eficácia do "medicamento milagroso"[296].

3.2. Divulgação dos resultados científicos e clínicos vindos do estrangeiro

A imprensa especializada nacional demonstrou uma grande preocupação em divulgar os resultados científicos e clínicos vindos do estrangeiro sobre a penicilina. Apesar das dificuldades expressas por alguns autores como Toscano Rico[297] e Raúl de Carvalho[298] na obtenção de publicações estrangeiras atualizadas, revistas conceituadas como o *Jornal do Médico, Clínica, Higiene e Hidrologia, Notícias Farmacêuticas, A Medicina Contemporânea* desde muito

---

[295] Ibid.

[296] Pita e Pereira. Fleming: história da medicina e saber comum, *op. cit.*

[297] Rico. Progressos na quimioterapia: fungos e bactérias, *op. cit.*

[298] Carvalho, R. de. (1944). Penicilina: Seu estudo entre 1929 e 1943. *Jornal dos Farmacêuticos*, *3*(25-30), 9-52.

cedo publicaram traduções de artigos de autores estrangeiros ou resumos de artigos de trabalhos realizados sobre penicilina.

Na bibliografia consultada as primeiras referências à penicilina surgem em 1943, divulgadas pelas revistas o *Jornal do Médico*[299], e *Actualidades e Utilidades Médicas*[300]. Os artigos, bastante resumidos, mencionam que as propriedades terapêuticas e a baixa toxicidade atribuídas à penicilina levam a supor tratar-se de uma substância com grandes potencialidades terapêuticas.

Em 1944 o *Jornal do Médico* publicou diversos artigos e resumos de artigos de autores estrangeiros sobre a penicilina. Em Janeiro de 1944 sobressai o artigo "Uma maravilha da medicina moderna – A Penicilina"[301]. Este trabalho resultante da tradução de um artigo publicado em Dezembro de 1943 na revista *Semana Médica Espanhola* que por ser "assunto que, certamente, muito interessa aos...leitores"[302] foi resumido e publicado pela revista portuguesa. O artigo refere a origem da penicilina, alude à baixa toxicidade do medicamento quando administrado em doses elevadas e atribui-lhe um valor acrescentado em relação às sulfamidas. O artigo refere a importância do papel de Howard Florey na determinação do valor terapêutico da penicilina. Menciona que a importância do medicamento como agente terapêutico levou a que o governo dos EUA apoiasse e incentivasse a indústria farmacêutica a colaborar "na difícil e delicada tarefa de produzir a Penicilina"[303]. O baixo rendimento da produção do medicamento através dos métodos tradicionais incitou a realização de trabalhos "com o intuito de conseguir a produção da Penicilina sob a forma sintética"[304], que, de acordo com o autor

---

[299] Novidades médicas - substancias bactericidas extraídas dos fungos, *op. cit.*
[300] Penicilina, *op. cit.*
[301] Uma maravilha da medicina moderna - A Penicilina, *op. cit.*
[302] Ibid.
[303] Ibid.
[304] Ibid.

contribuirá "para a sua utilização *larga manu*, a bem da humanidade sofredora"[305]. Neste artigo a palavra penicilina aparece escrita, sempre, com letra maiúscula, o que demonstra em nosso entender a preocupação em expressar a importância do medicamento.

"Está na ordem do dia a Penicilina"[306] são as primeiras palavras do artigo "Aumento da produção de Penicilina"[307] publicado em Abril de 1944 que informa, "[a penicilina] ainda não foi empregada, segundo as nossas informações, em Portugal"[308] mas "os médicos portugueses esperam, com ansiedade, o momento de poderem utilizar essa tão reclamada droga"[309]. Notamos aqui o interesse e a expetativa da classe médica portuguesa em relação ao novo medicamento bem como a preocupação do *Jornal do Médico* em mantê-la ao corrente das informações que surgem na literatura estrangeira sobre este assunto.

Ainda em Abril de 1944 o *Jornal do Médico* através de sua rubrica *Novidades Médicas* transmite aos seus leitores mais informações sobre a penicilina. A nota informativa, intitulada "Penicilina"[310] consta de dois pontos, o primeiro que aborda os problemas clínicos relacionados com o medicamento apresentados numa reunião da Academia Médico-Cirúrgica Espanhola e o segundo sobre a cedência do fármaco pelo Brasil a Portugal. A sessão da Academia Médico--Cirúrgica Espanhola na qual foi apresentada a primeira comunicação espanhola sobre o tratamento de um caso clínico com penicilina contou com a presença do Presidente do Colégio dos Médicos de Madrid, Dr. Gonzalez Bueno. Na sessão o Dr. Torres Gost, chefe de

---

[305] Ibid.

[306] Aumento da produção de penicilina (1944). *Jornal do Médico*, 4(81), 279--280.

[307] Ibid.

[308] Ibid.

[309] Ibid.

[310] Novidades médicas – Penicilina (1944). *Jornal do Médico*, 4(82), 319.

clínica do Hospital del Rey, apresentou um caso clínico de uma criança com 8 anos diagnosticada com endocardite lenta por *Streptococcus viridans*. Os familiares da doente conseguiram obter 400 000 U de penicilina (não sendo referido nem como, nem onde) que foram administradas à criança (não é referida a posologia, nem o meio de administração) sem contudo que se obtivesse a qualquer melhoria. Segundo o autor a falta de eficácia do medicamento resultou da administração de uma dose insuficiente[311]. Embora o clínico refira que "a descoberta de penicilina é a maior destes últimos tempos"[312] salienta que as dificuldades de obtenção do medicamento impedem que esteja ao alcance de todos que dela necessitam. O Dr. Gost é da opinião que após a descoberta da composição química exata da penicilina a síntese química será o método de eleição para a produção massificada do medicamento. No Hospital del Rey foram tratados diversos casos de septicémias estafilocócicas com resultado negativo que pensamos terem contribuído para o clínico declarar que "de forma alguma [a penicilina] se trata de uma panaceia"[313] e que não passa de um medicamento "entre os muitos remédios que a medicina utiliza"[314]. A sua exposição foi comentada por vários médicos, um dos quais expõe a importância de testar a sensibilidade do agente infetante. Pressupomos que o caso clínico apresentado pelo Dr. Gost se trata do mesmo caso mencionado no artigo "La penicilina llega a España: 10 de marzo de 1944, una fecha histórica"[315] publicado em 2007 na *Revista Espanhola Quimioterapia*.

---

[311] A revista *Portugal Médico*, em "Informações diversas sobre a penicilina" publicado na sua rubrica *Notas Várias* também faz referência a este artigo.

[312] Novidades médicas – Penicilina, *op. cit.*.

[313] Ibid.

[314] Ibid.

[315] González, J. & Orero, A. (2007). La penicilina llega a España: 10 de marzo de 1944, una fecha histórica. *Revista Espanhola Quimioterapia* 20(4), 446-450.

A imprensa médica espanhola surge, até ao momento, como a fonte preferencial de informação da revista *Jornal do Médico* sobre novidades científicas relacionadas com a penicilina. Colocamos a hipótese que este facto possa estar relacionado com as dificuldades impostas pela guerra na obtenção de revistas científicas atualizadas, americanas e inglesas[316], no entanto, ao consultarmos outras revistas científicas da época[317] verificamos que esta situação não mostrou ser impeditiva na divulgação de artigos originais traduzidos[318] de Alexander Fleming, de Howard Florey e da sua equipa de investigadores da Universidade de Oxford, bem como de outros autores com trabalhos pioneiros sobre a penicilina.

Ao consultar a revista *Lisboa Médica*[319] verificamos que os Estados Unidos da América surgem como o país de eleição para a obtenção de informações sobre a penicilina. A revista lisboeta na sua rubrica *Revista dos jornais de medicina* demonstra uma tendência preferencial, senão quase exclusiva, pela revista norte americana *The Journal of the American Medical Association* como fonte de informação sobre o medicamento. A *Lisboa Médica* publicou resumos traduzidos[320] de diversos artigos desta revista americana sobre a utilização clínica da penicilina e o sobre o tratamento de diversas enfermidades com o medicamento.

Os artigos sobre a utilização clínica da penicilina reportam-se a trabalhos realizados em centros de investigação nos Estados Unidos da América. O primeiro que encontrámos publicado na *Lisboa Médica*

---

[316] Rico. Progressos na quimioterapia: fungos e bactérias, *op. cit.*

[317] Veja-se a revista *Portugal Médico, Clínica, Higiene e Hidrologia* e *A Medicina Contemporânea*

[318] Revista dos jornais (1944). *Clínica, Higiene e Hidrologia*, *10*(4), 113–132.

[319] Revista dos jornais de medicina (1944). *Lisboa Médica*, 21, 384–391.

[320] O resumo e a tradução são da autoria de Paula Nogueira

foi o artigo "Uso clínico da penicilina: Observação em 100 casos"[321] que se refere ao estudo de 100 casos clínicos onde foi empregue o tratamento com penicilina e cujos resultados foram publicados na citada revista americana com o título "The clinical use of penicillin – Observations in one hundred cases"[322]. Os autores descrevem as estirpes de bactérias mais sensíveis ao medicamento, qual a dosagem e via de administração preferencial, o resultado dos tratamentos e a ausência de reações adversas com tratamentos prolongados. Este resumo destaca o resultado do trabalho de investigação, não mencionando onde o estudo foi realizado (Columbia-Presbyterian Hospital Medical Center) nem a origem da penicilina utilizada (na fase inicial do estudo a penicilina foi cedida pelo Charles F. Pfizer and Company e a partir de Agosto de 1942 foi o Committee of Medical Research que providenciou a penicilina necessária para a realização dos ensaios clínicos), informações veiculadas no artigo original.

O artigo subsequente resumido e publicado na *Lisboa Médica* denomina-se "Uso clínico da penicilina"[323] e é referente ao estudo de 62 casos clínicos tratados com o medicamento. À semelhança do artigo anterior são focados os aspetos clínicos do trabalho, relatando a dose utilizada, a via de administração e os casos em que os autores obtiveram, ou não, sucesso com a administração da penicilina. Apesar do resumo publicado na revista *Lisboa Médica* omitir alguns factos historicamente importantes, veiculados no artigo original, entendemos que o seu objetivo era informar os clínicos portugueses sobre o modo de utilização deste novo medicamento e quais as patologias suscetíveis de serem tratadas com ele.

---

[321] Revista dos jornais de medicina - Uso clínico da penicilina: Observação em 100 casos (1944). *Lisboa Médica, 21*, 384–386.

[322] Dawson & Hobby. The clinical use of penicillin - Observations in one hundred cases, *op. cit.*

[323] Revista dos jornais de medicina - Uso clínico da penicilina (1944). *Lisboa Médica, 21*, 386–387.

Três artigos de grande relevância que se encontram resumidos e publicados na *Lisboa Médica* são referentes aos trabalhos de John F. Mahoney e seus colaboradores sobre a utilização da penicilina no tratamento da sífilis[324]. O primeiro resumo "Tratamento pela penicilina da sífilis precoce"[325] é referente ao artigo "Penicillin treatment of early syphilis: II"[326]. Este resumo é bastante completo, descreve o número de casos tratados com penicilina, 104, mencionando que 4 desses casos "foram seguidos por mais de 300 dias"[327], descreve o tratamento efetuado, a dosagem e posologia utilizada, o tempo de tratamento e ausência de reações adversas graves. São apresentadas as conclusões dos autores sobre o resultado da investigação e é referido que "a obtenção duma penicilina mais pura deverá melhorar muito os resultados da terapêutica"[328]. O artigo original é mais pormenorizado, refere que o estudo foi realizado no Venereal Disease Research Laboratory e no United States Marine Hospital e que o resultado do trabalho de investigação foi apresentado numa comunicação proferida na Section on Dermatology and Syphilology no Ninety-Fourth Annual Session of the American Medical Association realizado em Chicago a 15 de Junho de 1944[329].

O artigo seguinte desta série, "The treatment of early syphilis with penicillin - A preliminary report of 1418 cases"[330] encontra-se resumido de uma forma bastante sintetizada na revista *Lisboa Médica,*

---

[324] Revista dos jornais de medicina (1944). *Lisboa Médica, 21*, 586–590.

[325] Revista dos jornais de medicina – Tratamento pela penicilina da sífilis precoce (1944). *Lisboa Médica, 21*, 586–588.

[326] Mahoney et al.. Penicillin treatment of early syphilis: II, *op. cit.*

[327] Revista dos jornais de medicina – Tratamento pela penicilina da sífilis precoce, *op. cit.*.

[328] Ibid.

[329] Mahoney et al.. Penicillin treatment of early syphilis: II, *op. cit.*

[330] Moore et al.. The treatment of early syphilis with penicillin - A preliminary report of 1418 cases, *op. cit.*

com título "Tratamento da sífilis precoce pela penicilina"[331]. O tradutor, Paula Nogueira, menciona o objetivo do estudo, o número de casos tratados, o método de tratamento e os resultados apresentados pelos autores. Não faz referência que o estudo contou com o apoio e supervisão das entidades oficiais norte americanas, nomeadamente o National Research Council e o Committee on Medical Research, e que fora nomeado o Penicillin Panel (onde estão incluídos os autores do artigo) com o objetivo de estudar o impacto da penicilina no tratamento da sífilis. Não menciona que a penicilina utilizada no estudo foi cedida pelas forças armadas, pelo Public Health Service e pelo Office of Scientific Research and Development, nem que o estudo decorreu em 23 locais, distribuídos por clinicas e centros de investigação militares e civis. O resultado deste trabalho de investigação, à semelhança do anterior, foi apresentado numa comunicação perante a Section on Dermatology and Syphilology no Ninety-Fourth Annual Session of the American Medical Association realizado em Chicago a 15 de Junho de 1944[332].

O último artigo, desta série, sobre utilização de penicilina no tratamento da sífilis resumido pela revista *Lisboa Médica,* "Acção da penicilina na sífilis tardia"[333], é uma síntese do artigo "The action of penicillin in late syphilis"[334]. O resumo refere que após a observação de 182 casos de sífilis tardia tratados com penicilina os autores concluíram "que a penicilina tem um efeito incontestável

---

[331] Revista dos jornais de medicina – Tratamento pela penicilina da sífilis precoce (1944). *Lisboa Médica, 21,* 588–589.

[332] Moore et al.. The treatment of early syphilis with penicillin - A preliminary report of 1418 cases, *op. cit.*

[333] Revista dos jornais de medicina - Acção da penicilina na sífilis tardia (1944). *Lisboa Médica, 21,* 589–590.

[334] Stokes, J. H., Sternberg, T. H., Schwartz, W. H., Mahoney, J. F., Moore, J. E., & Wood, W. B. (1944). The action of penicillin in late syphilis. *The Journal of the American Medical Association, 126*(2), 73–80.

no tratamento da sífilis"[335]. É feita uma descrição dos esquemas de tratamento utilizados e dos resultados obtidos. Em conformidade com os artigos anteriormente citados, este resumo também não refere onde é que o estudo foi realizado nem que os seus autores são membros do Penicillin Panel do Subcommittee on Venereal Diseases.

Conforme podemos constatar a informação veiculada na rubrica *Revista dos jornais de medicina* da *Lisboa Médica* limita-se a transmitir aspetos de ordem clínica relacionados com a terapêutica da penicilina, não foi divulgado aos leitores a dimensão política do projeto, não foi dada a conhecer a importância que lhe foi atribuída pelo governo americano nem a envolvência de diversas instituições militares, civis e universitárias no mesmo. Somos da opinião que apesar da revista portuguesa pretender transmitir aos seus leitores somente as informações de ordem clínica, no caso da penicilina a divulgação do apoio e incentivo prestados pelas entidades governamentais dos Estados Unidos da América aos diversos projetos relacionados com o medicamento teria contribuído para que clínicos portugueses compreendessem a relevância atribuída à penicilina naquele país.

A revista *Lisboa Médica*, conforme pudemos constatar, mostra um certo favoritismo pelos autores americanos ao divulgar os resultados dos trabalhos clínicos e científicos sobre a penicilina. Quando consultamos a revista *Clínica, Higiene e Hidrologia* constatamos que neste caso é dada preferência aos trabalhos realizados pelos investigadores britânicos.

A revista *Clínica, Higiene e Hidrologia* dedicou o número 4 de 1944 à divulgação de informações e trabalhos sobre a penicilina. No *Editorial*[336], Armando Narciso, expõe as razões que levaram o número de Abril a ser dedicado a esta matéria, segundo ele "a des-

---

[335] Revista dos jornais de medicina - Acção da penicilina na sífilis tardia, *op. cit.*.
[336] Narciso, A. (1944). Editorial. *Clínica, Higiene e Hidrologia*, *10*(4), 93–94.

coberta da penicilina não representa somente a aquisição do mais poderoso e inócuo agente antibacteriano, até hoje conhecido, vem trazer novas e grandes possibilidades ao melhor conhecimento do antagonismo (...) e ao incalculável proveito que desse conhecimento se pode tirar (...) para o seu melhor e mais eficaz combate"[337]. Sobre a penicilina continua "apesar do alvoroço que a nova descoberta causou na opinião médica e na opinião pública, em geral, até hoje só tem chegado ao conhecimento dos clínicos portugueses notícia bem limitada do que seja a penicilina"[338]. Neste sentido "resolvemos dar aos nossos leitores uma exposição, completa quanto possível, da matéria"[339]. Na opinião do autor isto não poderia ser feito "melhor do que traduzindo e publicando (...) o número primeiro, do ano corrente, do *British Medical Bulletin*, todo ele dedicado à descoberta, teoria e técnica da penicilinoterapia e redigido pelos célebres cientistas ingleses a quem a humanidade ficou devendo mais este valioso benefício"[340]. A tradução dos artigos foi feita por Leopoldo de Figueiredo, colaborador da revista *Clínica, Higiene e Hidrologia*.

Os artigos traduzidos do *British Medical Bulletin* encontram-se publicados na rubrica *Trabalhos Originais* da revista *Clínica, Higiene e Hidrologia*. Os originais destes artigos foram publicados no primeiro número do *British Medical Bulletin* de 1944. Se considerarmos as dificuldades impostas pela guerra e os meios de comunicação existentes na época, constatamos que a publicação em Abril de 1944 da tradução destes artigos do referido número pela revista *Clínica, Higiene e Hidrologia* revela a preocupação dos editores desta revista em manter os seus leitores informados sobre as novidades científicas que surgiam.

---

[337] Ibid.
[338] Ibid.
[339] Ibid.
[340] Ibid.

Os trabalhos publicados abordam diversas questões relacionadas com a penicilina. Surgem artigos com um âmbito mais generalista como o trabalho da autoria de Lawrence P. Garrod, médico no Saint Bartholomew's Hospital em Londres, membro do Penicillin Trials Committee do Medical Research Council e editor da revista *British Journal of Experimental Pathology*[341]. No artigo "Considerações gerais sobre a penicilina"[342], o autor aborda a descoberta das sulfamidas e as expectativas que, rapidamente, se desvaneceram sobre a conquista das infeções bacterianas, referindo que a descoberta da penicilina veio "resolver aquilo em que as sulfamidas haviam falhado"[343], e que "o seu valor é tal que excede em muito a nossa imaginação"[344]. O autor alerta, no entanto, que o uso do medicamento não deve ser indiscriminado.

O artigo de Alexander Fleming "A descoberta da penicilina"[345] descreve os acontecimentos que precederam e contribuíram para a descoberta do medicamento. Fleming explica as técnicas laboratoriais que utilizou para cultivar o fungo e a razão que o levou a atribuir à substância ativa o nome de penicilina. Descreve as experiências realizadas para comprovar a utilidade da penicilina tanto como agente seletivo em meios de cultura como agente terapêutico. Finaliza apresentando os motivos que dificultaram o prosseguimento dos trabalhos com o medicamento e que em certa medida justificam o tempo que decorreu desde a sua descoberta até à sua introdução na terapêutica pela equipa de investigadores da Universidade de Oxford.

---

[341] Obituary (1979). *British Medical Journal*, *2*(6192), 740–741.

[342] Garrod, L. P. (1944). Considerações gerais sobre a penicilina. *Clínica, Higiene e Hidrologia*, *10*(4), 95–98.

[343] Ibid.

[344] Ibid.

[345] Fleming, A. (1944a). A descoberta da penicilina. *Clínica, Higiene e Hidrologia*, *10*(4), 98–99.

O trabalho seguinte publicado na revista *Clínica, Higiene e Hidrologia* é um artigo de índole mais técnica. No artigo "A penicilina em bacteriologia"[346] Alexander Fleming apresenta a descrição de algumas das técnicas laboratoriais utilizadas para o isolamento de bactérias pela adição de penicilina aos meios de cultura. O autor explica a importância da incorporação desta substância para a obtenção de meios de cultura diferenciais e explora outras potencialidades da penicilina para além das terapêuticas, para Fleming a penicilina é uma substância com grande interesse para a bacteriologia.

Na sequência, surge o artigo de E. Chain "Outras substâncias antibacterianas derivadas de bactérias e bolores"[347], aqui são retratadas substâncias de origem bacteriana e fúngica com potencial interesse terapêutico. O estudo destas substâncias intensificou-se com o reconhecimento das propriedades da penicilina e embora se tenham descoberto algumas com propriedades antibacterianas nenhuma demonstrou possuir a baixa toxicidade da penicilina, característica essencial para apresentar qualquer utilidade terapêutica. Conforme os restantes artigos abordados o original deste artigo encontra-se publicado no *British Medical Bulletin* com o título "Other antibacterial substances from bacteria and moulds"[348].

O seguinte desta série de artigos do *British Medical Bulletin* que surge na revista *Clínica, Higiene e Hidrologia* é o artigo de E. Chain e H. Florey "The discovery of the chemotherapeutic properties of penicillin"[349]. O título em português "A penicilina sob

---

[346] Fleming, A. (1944b). A penicilina em bacteriologia. *Clínica, Higiene e Hidrologia*, *10*(4), 100–102.

[347] Chain, E. (1944b). Outras substâncias antibacterianas derivadas de bactérias e bolores. *Clínica, Higiene e Hidrologia*, *10*(4), 102–103.

[348] Chain, E. (1944a). Other antibacterial substances from bacteria and moulds. *British Medical Bulletin*, *2*(1), 8–9.

[349] Chain, E., & Florey, H. W. (1944b). The discovery of the chemotherapeutic properties of penicillin. *British Medical Journal*, *2*(1), 5–7.

o ponto de vista químico"[350] transmite a noção que o artigo irá retratar, maioritariamente, os aspetos químicos penicilina, o que não se verifica. Somos da opinião que uma tradução mais próxima do original "A descoberta das propriedades quimioterapêuticas da penicilina" difundiria mais claramente no título as ideias retratadas no artigo. Neste trabalho os autores explanam os motivos que os levaram a estudar a penicilina e as dificuldades com que se depararam para a extrair, apresentam as soluções encontradas e os trabalhos subsequentes que realizaram para estudar as propriedades físico-químicas e biológicas da penicilina. Com base nos resultados obtidos realizaram experiências em animais e posteriormente em humanos. A penicilina utilizada nos primeiros 18 ensaios realizados no homem proveio dos laboratórios de Oxford e da Imperial Chemical Industries (ICI). Estes primeiros tratamentos permitiram estabelecer a dose e a via de administração mais apropriadas como também comprovar a utilidade da penicilina em aplicação tópica. Os autores são da opinião que a síntese química da penicilina será o caminho para a sua produção em grande escala.

O último desta série de artigos publicados na *Clínica, Higiene e Hidrologia* é o artigo de M. E. Florey "Utilização terapêutica da penicilina"[351]. Este artigo descreve os resultados de vários ensaios clínicos realizados em Inglaterra e nos Estados Unidos da América com penicilina, segundo M. E. Florey alguns fatores como a dosagem e via de administração mais eficaz já eram conhecidos antes da realização dos ensaios mencionados, tendo, no entanto, sido confirmados por estes. O primeiro ensaio clínico descrito foi realizado na Grã-Bretanha tendo sido tratados duzentos casos de infeções estreptocócicas, estafilocócicas ou em que ambas estavam combi-

---

[350] Chain, E., & Florey, H. W. (1944a). A penicilina sob o ponto de vista químico. *Clínica, Higiene e Hidrologia, 10*(4), 103–106.

[351] Florey, M. E. (1944). Utilização terapêutica da penicilina. *Clínica, Higiene e Hidrologia, 10*(4), 106–112.

nadas. A percentagem de cura foi de 71,5%. A autora realça a ação notória da penicilina na cura de doentes "considerados moribundos ou sofrendo duma infeção que se prolongava por muitos meses ou anos"[352]. M. E. Florey refere que nos EUA também foram realizados ensaios com penicilina que vieram confirmar os resultados obtidos em Inglaterra. A percentagem de cura obtida naquele país foi de 73,2%, muito aproximada ao resultado obtido pelos britânicos. A autora resume os resultados dos ensaios realizados listando o tipo de infeções em que a penicilina demonstrou ser eficaz. M. E. Florey faz algumas "considerações especiais"[353] sobre a utilização da penicilina, nomeadamente em relação à eliminação do medicamento, ao seu efeito sobre as células sanguíneas, à penetração da penicilina nas cavidades serosas, à sua toxicidade, os aspetos radiológicos e a "desiderata bacteriológica"[354] em que são focados aspetos relacionados com a sensibilidade bacteriana à penicilina e a resistência adquirida pelas bactérias durante o tratamento. O ponto seguinte, focado pela investigadora, são os métodos de tratamento. O artigo termina fazendo referência à "determinação da evolução da doença"[355] que, segundo M. E. Florey, deve ser avaliada com base em exames bacteriológicos e na contagem das células sanguíneas no caso das infeções gerais e para as infeções locais na diminuição dos sintomas como dor, edema e rubefação do local da infeção.

Na sequência desta série de artigos sobre a penicilina a revista *Clínica, Higiene e Hidrologia* publicou na sua rubrica *Revista dos jornais*[356], excertos, resumidos e traduzidos, do artigo de Alexander

---

[352] Ibid.
[353] Ibid.
[354] Ibid.
[355] Ibid.
[356] Revista dos jornais, *op. cit.*

Fleming de 1929 para o *British Journal of Experimental Pathology*[357] e de outros artigos pioneiros sobre a penicilina, nomeadamente o artigo de Clutterbuck, Lovell e Raistrick sobre a tentativa de isolamento da penicilina publicado no *Biochemical Journal*[358] e dos artigos da equipa da Universidade de Oxford publicados na revista *The Lancet*, em 1940[359] e 1941[360].

O artigo de Fleming "On the antibacterial action of cultures of a penicillium with special reference to their use in the isolation of *B.influenzae*"[361] "publicado" na *Clínica, Higiene e Hidrologia* menciona os aspetos técnicos descritos por Fleming sobre a descoberta e propriedades da penicilina, mas não refere que o nome "penicilina" foi sugerido pelo autor para descrever o "filtrado de caldo de fungo" sobre o qual se refere no seu artigo.

Outro artigo de grande importância que se encontra resumido e traduzido na rubrica *Revista dos jornais* da *Clínica, Higiene e Hidrologia* é o artigo "Studies in the biochemistry of micro-organisms. The formation from glucose by members of the *Penicillium chrysogenum* series of a pigment, an alkali-soluble protein and penicillin-the antibacterial substance of Fleming"[362] publicado pelos investigadores da London School of Hygiene and Tropical Medicine, Percival Walter Clutterbuck, Reginald Lovell e Harold Raistrick, em 1932, na

---

[357] Fleming. On the antibacterial action of cultures of a penicillium with special reference to their use in the isolation of *B.influenzae, op. cit.*

[358] Clutterbuck, Lovell & Raistrick. Studies in the biochemistry of micro-organisms. The formation from glucose by members of the *Penicillium chrysogenum* series of a pigment, an alkali-soluble protein and penicillin-the antibacterial substance of Fleming, *op. cit.*

[359] Chain et al.. Penicillin as a chemotherapeutic agent, *op. cit.*

[360] Abraham et al.. Further observations on penicillin, *op. cit.*

[361] Fleming. On the antibacterial action of cultures of a penicillium with special reference to their use in the isolation of *B.influenzae, op. cit.*

[362] Clutterbuck, Lovell & Raistrick. Studies in the biochemistry of micro-organisms. The formation from glucose by members of the *Penicillium chrysogenum* series of a pigment, an alkali-soluble protein and penicillin-the antibacterial substance of Fleming, *op. cit.*

revista *Biochemical Journal*. O artigo retrata a tentativa de extração e purificação da penicilina por esta equipa de investigadores da London School of Hygiene and Tropical Medicine liderada por um dos melhores e mais conceituados químicos da época[363], Harold Raistrick. De acordo com Fleming, tentativas anteriores de extração da penicilina haviam falhado pela inexistência de um químico qualificado[364] no seu laboratório no St. Mary's Hospital e as expetativas colocadas no trabalho de Raistrick eram elevadas[365]. O resumo deste artigo apresentado na *Clínica, Higiene e Hidrologia* foca alguns pontos importantes. Descreve que os autores conseguiram cultivar o fungo num meio de cultura sintético, meio de cultura de Czapek-dox modificado, que isolaram "no soluto um pigmento amarelo, a crysogenina" e que o "Dr. Charles Thom considerou o bolor de Fleming com afinidades com o *Penicillium notatum Westling*"[366]. Refere também, resumidamente, as técnicas laboratoriais utilizadas para extrair a penicilina.

O próximo artigo de grande relevância que vemos resumido na revista *Clínica, Higiene e Hidrologia*[367] é o artigo "Penicillin as a chemotherapeutic agent"[368] publicado pela equipa de investigadores da Universidade de Oxford na revista *The Lancet*. Este artigo foi o primeiro publicado por esta equipa de investigadores sobre a penicilina, nele estão descritos os ensaios que realizaram em animais para determinar as propriedades terapêuticas, a toxicidade e a sensibilidade bacteriana ao medicamento. Conforme é retratado no resumo não é feita qualquer alusão aos métodos de cultura, às

---

[363] Maurois. *The life of Sir Alexander Fleming, op. cit.*, 138.

[364] Fleming, A. (1944). Penicillin. The Robert Campbell Oration. *The Ulster Medical Journal, 13*(2), 95-108.

[365] Maurois. *The life of Sir Alexander Fleming, op. cit.*, 141.

[366] Revista dos jornais, *op. cit.*

[367] Revista dos jornais, *op. cit.*

[368] Chain et al.. Penicillin as a chemotherapeutic agent, *op. cit.*

propriedades físico-químicas nem às técnicas de extração da penicilina. Na introdução o resumo elucida as razões que levaram H. W. Florey e sua equipa de investigadores a estudarem a penicilina que, segundo eles, é uma substância com "propriedades antibacterianas prometedoras"[369]. É indicada a sensibilidade de diversas estirpes de bactérias à penicilina, são descritos os ensaios realizados para comprovar a ausência de toxicidade em animais e em órgãos isolados sendo depois clarificados os modos de absorção e excreção do medicamento.

O ponto seguinte, e último do resumo, aborda questões relacionadas com a ação terapêutica da penicilina. Este tópico, um dos mais importantes do artigo, explana as experiências realizadas em animais que permitiram, aos autores, comprovar a ação terapêutica do medicamento.

O artigo subsequente da equipa de Howard Florey, sobre a penicilina, publicado na revista *The Lancet*, "Further observations on penicillin"[370] também se encontra resumido e traduzido na revista *Clínica, Higiene e Hidrologia,* estando publicado na sua rubrica *Revista dos jornais*[371]. Este artigo, um dos mais importantes da história da penicilina, é o primeiro onde estão descritos ensaios realizados em humanos com o medicamento. O resumo apresentado na *Clínica, Higiene e Hidrologia* do artigo é bastante detalhado. Na nota introdutória é mencionado que "o trabalho (...) é mais valioso pela descrição das propriedades da penicilina do que pelos dados quantitativos que encerra"[372]. Refere que os autores são da opinião que são necessárias investigações mais aprofundadas sobre esta matéria mas que as pequenas quantidades de penicilina disponíveis

---

[369] Revista dos jornais, *op. cit.*
[370] Abraham et al.. Further observations on penicillin, *op. cit.*
[371] Revista dos jornais, *op. cit.*
[372] Ibid.

constituem um fator limitativo[373]. Embora este resumo transmita de uma forma clara os trabalhos realizados pela equipa de investigadores da Universidade de Oxford pensamos que a não inclusão das declarações finais dos seus autores "penicillin combines to a stiking degree two most desirable qualities of a chemotherapeutic agent - low toxicity to tissue cells and powerful bacteriostatic action"[374]([a] penicilina combina de um modo excecional duas das características mais desejáveis de um agente quimioterapêutico – a baixa toxicidade para as células tecidulares e uma poderosa ação bacteriostática) não deixa transparecer, na totalidade, a perceção destes sobre o verdadeiro potencial terapêutico da penicilina.

Outro artigo que destacamos dos trinta que se encontram resumidos e traduzidos na rubrica *Revista dos jornais* do número 4, de 1944, da revista *Clínica, Higiene e Hidrologia* é o artigo "The treatment of war wounds with penicillin"[375] onde L. P. Garrod resume para a revista britânica *British Medical Journal* o relatório publicado pelo War Office intitulado "A preliminary report to the War Office and the Medical Research Council on Investigations concerning the Use of Penicillin in War Wounds - Carried out under the direction of Prof. H. W. Florey, F.R.S[376]., and Brig. Hugh Cairns, F.R.C.S.[377], R.A.M.C.[378]"[379]. Na nossa opinião o resumo apresentado pela revista portuguesa[380], apesar de transmitir um relato fiel dos factos

---

[373] Revista dos jornais, *op. cit.*

[374] Abraham et al.. Further observations on penicillin, *op. cit.*

[375] Garrod, L. P. (1943). The treatment of war wounds with penicillin. *British Medical Journal, 2*(4327), 755–756.

[376] F.R.S. (Fellowship of the Royal Society)

[377] F.R.C.S. (Fellowship of the Royal College of Surgeons)

[378] R.A.M.C. (Royal Army Medical Corps)

[379] Cairns, & Florey, *A preliminary report to the War Office and the Medical Research Council on Investigations concerning the Use of Penicillin in War Wounds, op. cit.*

[380] Revista dos jornais, *op. cit.*

veiculados no artigo original, falha ao omitir as conclusões finais, nestas é referido "there can be little doubt that the prevention of infection with pyogenic cocci or its control in war wounds is within reach"[381] (restam poucas dúvidas que a prevenção e o controlo de feridas de guerra infetadas por cocos piogénicos está ao alcance) afirmação que é conclusiva quanto ao valor da penicilina como agente terapêutico.

A revista *Clínica, Higiene e Hidrologia* consegue, através da rubrica *Revista dos jornais,* apresentar uma seleção dos artigos mais importantes publicados sobre a penicilina. É dada uma certa preferência aos artigos publicados na revista *The Lancet,* que perfazem treze dos trinta artigos resumidos. Oito artigos são referentes a publicações na revista *Nature,* estando também representadas as revistas *British Medical Journal, The British Journal of Experimental Pathology, Biochemical Journal* e *The Journal of Pathology and Bacteriology.* Os artigos selecionados pela revista portuguesa abrangem questões de ordem laboratorial como é o caso do artigo de Alexander Fleming "On the antibacterial action of cultures of a penicillium with special reference to their use in the isolation of *B.influenzae*"[382] e do artigo de E.P. Abraham e E. Chain "Purification and some physical and chemical properties of penicillin"[383] ambos publicados na revista *The British Journal of Experimental Pathology,* e questões de índole clínica como o artigo de M.E. Delafield, Edith Straker e W.W.C. Topley "Antiseptic snuffs"[384] e o artigo de Lawrence P Garrod "The

---

[381] Garrod. The treatment of war wounds with penicillin, *op. cit.*

[382] Fleming. On the antibacterial action of cultures of a penicillium with special reference to their use in the isolation of *B.influenzae, op. cit.*

[383] Abraham, E. P., & Chain, E. (1942). Purification and some physical and chemical properties os penicillin. *The British Journal of Experimental Pathology,* 23(3), 103–115.

[384] Delafield, M. E., Straker, E., & Topley, W. W. C. (1941). Antiseptic snuffs. *British Medical Journal,* 1(4178), 145–150.

treatment of war wounds with penicillin"[385] artigos publicados na revista *British Medical Journal*. Com a divulgação dos trabalhos sobre a penicilina publicados no estrangeiro, a revista *Clínica, Higiene e Hidrologia* contribuiu, na nossa opinião, para a atualização dos conhecimentos dos clínicos nacionais tanto nas questões relacionadas com a prática laboratorial como na implementação da terapêutica com a penicilina.

Outra revista médica nacional que se dedicou à divulgação de informações sobre a penicilina foi a revista *A Medicina Contemporânea*. Esta revista publicou em Abril de 1944 o artigo "A terapêutica pela penicilina nas infeções cirúrgicas no exército dos Estados Unidos da América"[386] que é uma tradução do artigo do Major Champ Lyons "Penicillin therapy of surgical infections in the U. S. Army"[387] publicado em Dezembro de 1943 pela revista *The Journal of the American Medical Association*. Também aqui é notória a celeridade com que a revista nacional divulgou os trabalhos publicados no estrangeiro. Em nota de rodapé *A Medicina Contemporânea* agradece à Embaixada dos EUA a concessão do referido número do *The Journal of the American Medical Association*. Ao contrário do que sucedeu na *Lisboa Médica* a revista *A Medicina Contemporânea*, em nota de rodapé, divulgou aos seus leitores a dimensão do projeto e o envolvimento do governo americano no mesmo. Entendemos que estas informações são importantes pois transmitiram aos leitores a relevância atribuída à penicilina pelas entidades oficiais norte americanas.

A revista *Notícias Farmacêuticas*, periódico da então Escola de Farmácia da Universidade de Coimbra, também apresenta um importante contributo na divulgação de artigos publicados no estrangeiro

---

[385] Garrod. The treatment of war wounds with penicillin, *op. cit.*

[386] Lyons, C. (1944). A terapêutica pela penicilina nas infecções cirúrgicas no exército dos Estados Unidos da América. *A Medicina Contemporânea*, 62(7/8), 97-112.

[387] Lyons. Penicillin therapy of surgical infections in the U. S. Army, *op. cit.*

referentes a trabalhos de investigação com penicilina. Esta revista publicou um artigo extraído da edição especial sobre a penicilina da revista *Notícias Médicas da América do Norte*. O artigo intitula-se "Penicilina: indicações, contraindicações, modo de administração e posologia da penicilina"[388] e nele estão descritas as normas divulgadas pelo Dr. Chester S. Keefer sobre as indicações terapêuticas e as vias de administração da penicilina que foram redigidas com base no resultado de um estudo com 3000 casos clínicos abrangendo vários centros de investigação. O estudo teve o apoio do National Research Council (Conselho Nacional de Investigação) e Office of Scientific Research and Development (Repartição de Investigação e Progresso Científico), instituições científicas governamentais norte americanas às quais o Dr. Chester S. Keefer pertencia. O artigo também menciona que o governo americano através do Office of Civilian Penicillin Distribution (Repartição da Distribuição Civil de Penicilina) pretende fornecer penicilina à população civil, devendo os hospitais, as clínicas e os médicos respeitar as normas descritas por Chester S. Keefer de modo a otimizar a utilização do medicamento e evitar desperdícios. O relatório apresenta quatro grupos de infeções bacterianas organizados de acordo com a sua sensibilidade à penicilina, o primeiro grupo refere as enfermidades em que o tratamento com penicilina deverá constituir uma indicação absoluta, o segundo grupo em que o tratamento com penicilina é uma indicação relativa, o terceiro grupo em que estão incluídos os casos em que a penicilina é de uso discutível e o último grupo em que estão incluídos os casos em que a utilização de penicilina é contra indicada. O artigo refere os métodos de preparação da penicilina para aplicação terapêutica e as vias de administração do medicamento (intravenosa, intramuscular e tópica), referindo resumidamente as vantagens e desvantagens de

---

[388] Penicilina: indicações, contra-indicações, modo de administração e posologia da penicilina (1944). *Notícias Farmacêuticas, 11*(3-4), 160-164.

cada uma delas. São também apresentadas as doses de referência para os diferentes tratamentos com penicilina, estando estas agrupadas em cinco categorias, sendo referido em cada uma delas a via de administração preferencial. No final do artigo é recomendado aos clínicos que utilizem a penicilina respeitando as indicações fornecidas de modo a "colher o máximo benefício" do "limitado fornecimento de penicilina"[389]. A informação veiculada no artigo é de extrema importância visto que fornece aos clínicos informações sobre o modo como utilizar a penicilina com máxima eficácia evitando desperdícios decorrentes do seu emprego em enfermidades para as quais não está indicada. Tendo em consideração que a penicilina constituía uma novidade no campo terapêutico entendemos que a divulgação deste relatório, com informação clara e direta, contribuiu para elucidar médicos e farmacêuticos sobre as propriedades e as vantagens da utilização do medicamento.

Através da consulta da bibliografia científica da época ficamos conhecedores do empenho das revistas nacionais em divulgar com celeridade os trabalhos publicados no estrangeiro sobre a penicilina. Foram abordadas as várias vertentes do medicamento, permitindo aos leitores a aquisição de conhecimentos atualizados sobre as propriedades físico-químicas, bacteriológicas e clínico-terapêuticas da penicilina e foram veiculadas informações sobre as iniciativas conduzidas pelas entidades oficiais americanas e inglesas para promover o aumento da produção do medicamento.

3.3. Divulgação da receção da penicilina na imprensa diária

Portugal foi um dos primeiros países europeus, sem envolvimento direto na II Guerra Mundial, a obter penicilina para

---

[389] Ibid.

utilização na população civil. A produção mundial do antibiótico era limitada e as escassas quantidades de penicilina existentes eram encaminhadas para as forças armadas e para centros de investigação. As boas relações diplomáticas existentes entre Portugal, Brasil e Estados Unidos da América (EUA) foram decisivas na obtenção do antibiótico para o nosso país. A Cruz Vermelha Portuguesa (CVP) perante os inúmeros apelos de obtenção de penicilina que surgiam tornou sua prioridade a obtenção do medicamento para Portugal[390].

Encontrámos referência da chegada de penicilina a Portugal em Fevereiro de 1944[391] e em Abril de 1944[392]. No entanto foi em Maio de 1944 que chegou a Portugal a primeira remessa de penicilina que resultou da intervenção direta da CVP. Tivemos oportunidade de confirmar este facto não só através de notícias que foram publicadas na imprensa diária[393] mas também através de documentos originais existentes no arquivo da CVP em Lisboa[394].

Durante o verão de 1944, enquanto decorriam as negociações entre o governo dos EUA e de Portugal para a utilização da base aérea das Lages, nos Açores, foram também discutidas entre os EUA e Portugal as condições para a cedência de um contingente mensal de penicilina para o nosso país. Em Setembro de 1944 a penicilina

---

[390] Arquivo da Cruz Vermelha Portuguesa. Carta enviada à Embaixada do Brasil em 27 de Março 1944 – Número de ordem 1374. Em *Livro de correspondência expedida, Volume III*. Lisboa.

[391] O director do Hospital Escolar de St. Marta fala da Penicilina. (1944, Abril 20), *Vida Mundial Ilustrada*, III (153), p. 17;24. Lisboa.

[392] Novidades médicas – Penicilina, *op. cit.*

[393] A Cruz Vermelha brasileira remeteu à Cruz Vermelha Portuguesa doze ampolas de Penicilina, as quais chegaram no «Clipper». (1944, Maio 30). *Diário da Manhã*, p. 1;6. Lisboa.

[394] Arquivo da Cruz Vermelha Portuguesa. Telegrama enviado à Cruz Vermelha Brasileira em 24 de Maio 1944. Em *Livro de correspondência expedida, Volume VI*. Lisboa.

começou a ser importada com regularidade dos Estados Unidos da América, através da CVP[395].

A imprensa diária nacional contribuiu de forma decisiva para a divulgação de informações sobre a penicilina. Os principais jornais diários e outros utilizaram a sua primeira página para veicular notícias sobre o medicamento. Foram transmitidas informações sobre a receção das primeiras ampolas de penicilina em Abril e Maio de 1944 e sobre a receção do primeiro contingente de importação regular de penicilina dos EUA[396].

---

[395] Arquivo da Cruz Vermelha Portuguesa. Carta do Delegado da Cruz Vermelha Americana em 02 de Setembro de 1944 – Número de ordem de entrada 3728. Em *Livro de correspondência recebida*. Lisboa.

[396] Encontrámos referência a este facto nos principais jornais diários nacionais da época como o *Diário da Manhã*, o *Diário de Lisboa*, o *Comércio do Porto*, o *Diário de Notícias*, *O Primeiro de Janeiro*, *O Século*, o *República*, o *Jornal do Comércio*, o *Diário Popular* e o *Novidades*.

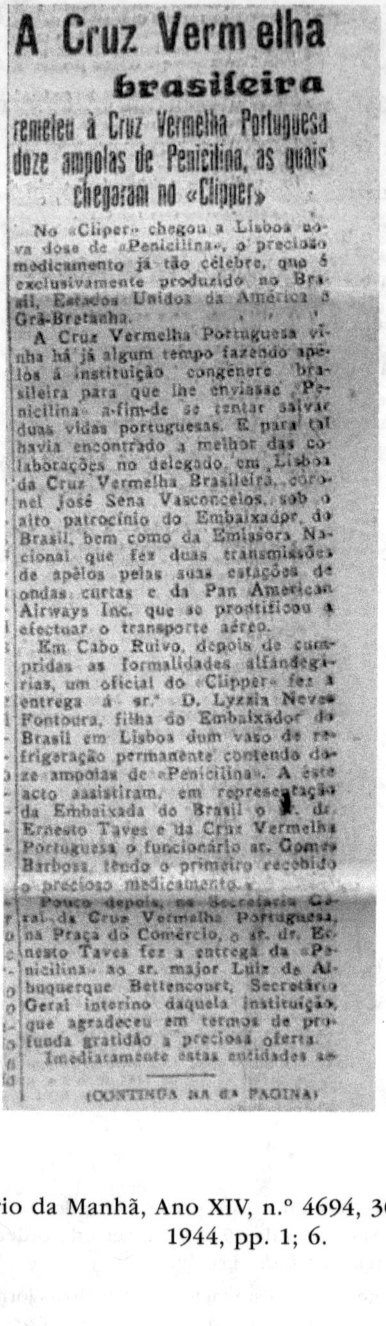

A Cruz Vermelha
brasileira
remeteu à Cruz Vermelha Portuguesa doze ampolas de Penicilina, as quais chegaram no «Clipper»

No «Cliper» chegou a Lisboa nova dose de «Penicilina», o precioso medicamento já tão célebre, que é exclusivamente produzido no Brasil, Estados Unidos da América e Grã-Bretanha.

A Cruz Vermelha Portuguesa vinha há já algum tempo fazendo apelos à instituição congénere brasileira para que lhe enviasse «Penicilina» a-fim-de se tentar salvar duas vidas portuguesas. E para tal havia encontrado a melhor das colaborações no delegado, em Lisboa, da Cruz Vermelha Brasileira, coronel José Sena Vasconcelos, sob o alto patrocínio do Embaixador do Brasil, bem como da Emissora Nacional que fez duas transmissões de apelos pelas suas estações de ondas curtas e da Pan American Airways Inc. que se prontificou a efectuar o transporte aéreo.

Em Cabo Ruivo, depois de cumpridas as formalidades alfandegárias, um oficial do «Clipper» fez a entrega á sr.ª D. Lyzzia Neves Fontoura, filha do Embaixador do Brasil em Lisboa dum vaso de refrigeração permanente contendo doze ampolas de «Penicilina». A este acto assistiram, em representação da Embaixada do Brasil o ?. dr. Ernesto Taves e da Cruz Vermelha Portuguesa o funcionário sr. Gomes Barbosa, tendo o primeiro recebido o precioso medicamento.

Pouco depois, na Secretaria Geral da Cruz Vermelha Portuguesa, na Praça do Comércio, o sr. dr. Ernesto Taves fez a entrega da «Penicilina» ao sr. major Luiz de Albuquerque Bettencourt, Secretário Geral interino daquela instituição, que agradeceu em termos de profunda gratidão a preciosa oferta.

Imediatamente estas entidades se

(CONTINUA NA 6.ª PAGINA)

Figura 1: Diário da Manhã, Ano XIV, n.º 4694, 30 de Maio de 1944, pp. 1; 6.

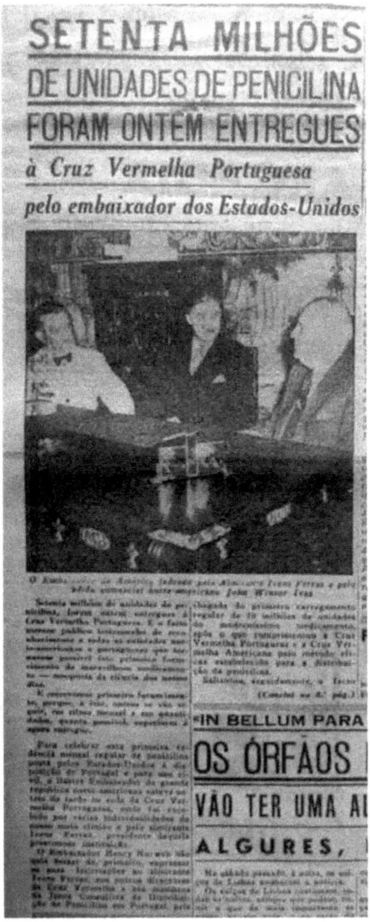

SETENTA MILHÕES
DE UNIDADES DE PENICILINA
FORAM ONTEM ENTREGUES
à Cruz Vermelha Portuguesa
pelo embaixador dos Estados-Unidos

«IN BELLUM PARA
OS ÓRFÃOS
VÃO TER UMA A
ALGURES,

Figura 2: Diário Popular. Ano II, n.º 715, 19 de Setembro de 1944, pp. 1; 8.

Também foram veiculadas notícias sobre a administração de penicilina no tratamento doentes com infeções graves, como é o caso das notícias do *Diário de Lisboa* "Um caso de cura dum fleimão gasoso pela penicilina"[397] e da *Gazeta de Coimbra* "A um médico

397 Um caso de cura dum fleimão gasoso pela penicilina. (1944, Novembro 18). *Diário de Lisboa*, p. 5. Lisboa.

português foi aplicada a penicilina que lhe salvou a vida"[398], "Mais uma vida salva pela penicilina"[399]. Assinale-se também a expetativa da penicilina puder salvar vidas como foi noticiado pelo *Diário da Manhã* através da notícia "Para salvar uma criança de sete meses de idade seguiu para Espinho um avião com quarto ampolas de penicilina cedidas pela Cruz Vermelha Portuguesa"[400].

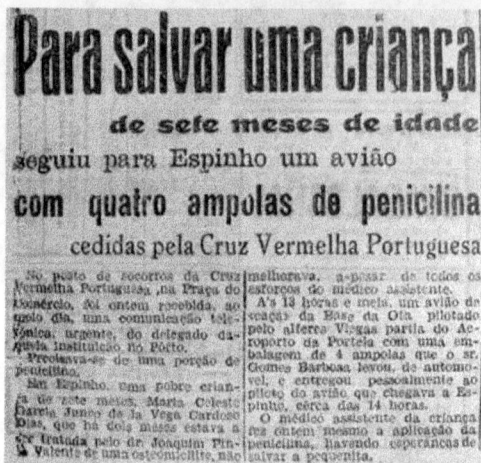

Figura 3: Diário da Manhã. Ano XIV, n.º 4823, 7 de Outubro de 1944, p. 1.

A utilização da penicilina no tratamento de ilustres figuras internacionais também foi noticiada em Portugal. A utilização de penicilina no tratamento do primeiro-ministro finlandês Antti

---

[398] A um médico português foi aplicada a penicilina que lhe salvou a vida. (1944, Setembro 19). *Gazeta de Coimbra*. Coimbra.

[399] Mais uma vida salva pela penicilina. (1944, Novembro 4). *Gazeta de Coimbra*, p. 2. Coimbra.

[400] Para salvar uma criança de sete meses de idade seguiu para Espinho um avião com quarto ampolas de penicilina cedidas pela Cruz Vermelha Portuguesa. (1944, Outubro 7). *Diário da Manhã*, p. 1. Lisboa.

Hackzell[401] (1881–1946) foi noticiada no *Jornal do Comércio*[402] e a administração do antibiótico ao internacional de futebol suíço André Trello Abergglen (1909-1944) foi divulgada no *Diário da Manhã*[403] e no *Diário Popular*[404] em Setembro de 1944.

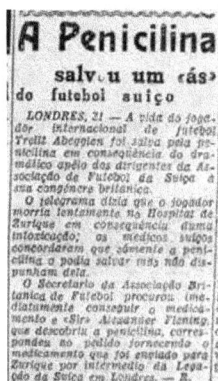

Figura 4: Diário da Manhã. Ano XIV, n.º 4809, 22 de Setembro de 1944, p. 6.

A nomeação de Alexander Fleming para o Prémio Nobel da Medicina ou Fisiologia também mereceu o destaque da imprensa diária nacional. Apesar da nomeação para Prémio Nobel da Medicina de 1944 ter sido a Alexander Fleming, Howard Florey e Ernst Chain os jornais diários demonstraram uma clara "preferência" por Fleming ao mencionarem somente o seu nome nas notícias que divulgaram

---

[401] Antti Verner Hackzell (1881–1946), primeiro-ministro finlandês responsável pelas negociações de paz e assinatura do armistício entre a Finlândia e a Rússia em Setembro de 1944.

[402] Hackzell vai ser tratado com a penicilina. (1945, Setembro 24). *Jornal do Comércio*, p. 4. Lisboa.

[403] A Penicilina salvou um «ás» do futebol suíço. (1944, Setembro 22). *Diário da Manhã*, p. 6. Lisboa.

[404] A penicilina em socorro dum internacional de «football». (1944, Setembro 21). *Diário Popular*, p. 8. Lisboa.

sobre o assunto. Este facto pode ser constatado por análise das notícias publicadas no *Diário Popular* "O prémio Nobel para o descobridor da penicilina"[405], no *Jornal do Comércio* "Alexander Fleming Prémio Nobel de Medicina 1944"[406] e no *República* "O prémio Nobel deve ser conferido este ano ao Prof. Fleming que descobriu a Penicilina"[407]. A instalação de novas fábricas para aumentar a produção de penicilina de forma a torná-la mais acessível e reduzir o seu custo também foi noticiado na imprensa nacional. O *Diário de Lisboa*[408] e o *Diário Popular*[409] transmitiram informações sobre a construção de uma unidade de produção de penicilina em Inglaterra e o *Diário da Manhã*[410] noticiou que o antibiótico iria começar a ser produzido em Espanha.

Conforme tivemos oportunidade de referir a penicilina começou a ser importada para Portugal com regularidade a partir de Setembro de 1944. Somos da opinião que a publicação de diversas notícias na imprensa diária enaltecendo as propriedades do antibiótico em datas muito próximas à sua chegada a Portugal foi propositada e provavelmente incentivada. As notícias relativas à nomeação de Alexander Fleming para o Prémio Nobel da Medicina ou Fisiologia de 1944, pensamos, serem disso um exemplo. Apesar de nomeado para o referido prémio, o mesmo não foi atribuído ao responsável

---

[405] O prémio Nobel para o descobridor da penicilina. (1944, Setembro 22). *Diário Popular*, p. 17. Lisboa.

[406] Alexander Fleming Prémio Nobel de Medicina 1944. (1944, Outubro 22). *Jornal do Comércio*, p. 8. Lisboa. Em 1944, Alexander Fleming foi nomeado para o Prémio Nobel da Medicina ou Fisiologia, mas o prémio não lhe foi concedido neste ano.

[407] O prémio Nobel deve ser conferido este ano ao Prof. Fleming que descobriu a Penicilina. (1944, Setembro 22). *República*, p. 4. Lisboa.

[408] A preparação da penicilina - Vai construir-se na Inglaterra o maior laboratório mundial. (1944, Setembro 22). *Diário de Lisboa*, p. 3. Lisboa.

[409] A maior fábrica de penicilina do mundo vai ser instalada em Inglaterra. (1944, Setembro 22). *Diário Popular*, p. 17. Lisboa.

[410] O Fabrico de penicilina em Espanha. (1944, Novembro 10). *Diário da Manhã*, p. 6. Lisboa.

pela descoberta da penicilina em 1944 mas sim no ano seguinte, em 1945. As notícias sobre a importação regular de penicilina informam os leitores que a produção mundial do antibiótico não é abundante e que a quantidade do medicamento disponível para o tratamento da população civil é escassa. Apesar destas dificuldades é veiculado de uma forma entusiástica que Portugal se encontra entre os primeiros países a obter o "famoso" antibiótico para o tratamento dos seus doentes. As notícias informam sobre o modo como os doentes podem adquirir o antibiótico e sobre o preço de venda ao público de cada ampola de penicilina. Os jornais também referem que a falta de recursos financeiros não será impedimento para os doentes adquirirem o antibiótico.

Na imprensa a penicilina foi sempre tratada com reverência no nosso país. Na informação veiculada sobre o medicamento, penicilina, aparece maioritariamente escrita com letra maiúscula ou entre aspas. A penicilina permitiu, pela primeira vez, o tratamento de muitas infeções anteriormente incuráveis[411] e desde o início que lhe foi atribuído um certo estatuto não sendo encarada como mais um medicamento[412].

---

[411] Pita & Pereira. Fleming: história da medicina e saber comum, *op. cit.*

[412] A temática da receção da penicilina em Portugal foi abordada por João Rui Pita, Ana Leonor Pereira e Paulo Granja. No artigo, anteriormente citado, "A introdução da penicilina em Portugal" publicado na *Revista Portuguesa de Farmácia,* os autores analisam vários pontos relacionados com a introdução da penicilina em Portugal e no artigo, "Alexander Fleming (1881–1955) Da descoberta da penicilina (1928) ao Prémio Nobel (1945) ", publicado na *Revista da Faculdade de Letras,* também citado anteriormente, Ana Leonor Pereira e João Rui Pita mencionam diversos estudos médicos e farmacêuticos associados à receção e introdução do medicamento em Portugal, referindo também a importância exercida pela Cruz Vermelha Portuguesa no controlo e na distribuição da penicilina no nosso país bem como a primeira menção à penicilina no *Suplemento da Farmacopeia Portuguesa IV* de 1961.

3.4. As investigações científicas realizadas em Portugal

Foi em 1944 que a penicilina começou a ser importada dos Estados Unidos da América (EUA) para Portugal através da Cruz Vermelha Portuguesa (CVP). Como as quantidades importadas eram muito escassas a cedência e distribuição do antibiótico ficou a cargo de uma comissão constituída para o efeito, a Junta Consultiva para a Distribuição de Penicilina em Portugal[413]. A Junta era composta por cinco médicos, Francisco Gentil, Fernando da Fonseca, João Maia de Loureiro, Ernesto Galeão Roma e Luís António Xavier Júnior, de renome e prestígio.

Embora a distribuição de penicilina se encontrasse sobre o controlo da CVP, vários investigadores nacionais procuraram obtê-la para tratarem os seus doentes e realizarem estudos sobre a sua utilidade terapêutica.

O primeiro trabalho que encontrámos retratado na literatura científica nacional sobre a observação de casos clínicos tratados com penicilina é da autoria de Guilherme Lopes da Casa de Saúde de S. Lázaro em Braga. No artigo "A penicilina por via carotidiana"[414], publicado em Outubro de 1944 na revista *A Medicina Contemporânea*, o autor descreve a utilização do antibiótico no tratamento de seis doentes considerados em estado grave. Em todos os casos a penicilina foi administrada por via arterial e resultou na cura dos doentes. O último caso descrito constitui, segundo Guilherme Lopes, uma novidade científica visto que foi utilizada pela primeira vez a artéria carótida para a administração da penicilina no tratamento de uma meningite meningocócica. Neste trabalho o autor refere as doses de penicilina administradas mas não a frequência com que foram

---

[413] Penicilina em Portugal, *op. cit.*

[414] Lopes, G. (1944). A penicilina por via carotidiana. *A Medicina Contemporânea*, *62*(19/20), 224–225.

aplicadas. Tendo em consideração que a penicilina só começou a ser distribuída, com regularidade, no nosso país em Setembro de 1944 verificamos que a publicação deste trabalho, em Outubro, releva a preocupação e a celeridade demonstradas pelo autor e pelos responsáveis da revista *A Medicina Contemporânea* em divulgar informações sobre a utilização clínica, em Portugal, da penicilina. Ao consultarmos o Arquivo da CVP verificamos que em 21 de Setembro de 1944 a Casa de Saúde de Sº Lázaro em Braga solicitou àquela instituição o envio de um questionário-requisição de penicilina[415]. No dia seguinte a CVP respondeu informando que o pedido deveria ser dirigido à Delegação da CVP naquela cidade[416].

Outro dos primeiros casos clínicos que encontrámos retratado na literatura científica nacional é referente ao tratamento de um furúnculo antracoide do lábio superior com penicilina no Hospital Stº António do Porto. António Braga publicou o resultado do seu trabalho em 1944 da revista *Jornal do Médico*. O artigo intitula-se "A Penicilina no furúnculo antracoide do lábio superior"[417]. Neste trabalho o autor descreve um caso de estafilococia curado com penicilina. O doente, um jovem de 17 anos, internado a 11 de Novembro de 1944 na enfermaria Isolamento de Homens do Hospital Geral de St. António no Porto sofria de um furúnculo antracoide do lábio superior. Fora medicado com sulfamidas mas o seu estado continuava a agravar-se. No dia 14 de Novembro foi requisitada penicilina que foi entregue no dia seguinte[418]. Foram utilizadas 400

---

[415] Arquivo da Cruz Vermelha Portuguesa. Carta da Casa de Saúde S. Lázaro - Braga de 21 de Setembro de 1944 - Número de ordem de entrada 3952. Em *Livro de correspondência recebida, Volume VIII*. Lisboa.

[416] Arquivo da Cruz Vermelha Portuguesa. Ofício da Cruz Vermelha Portuguesa número 4551 de 22 de Setembro de 1944. Em *Livro de correspondência recebida*. Lisboa.

[417] Braga, A. (1944). A Penicilina no furúnculo antracóide do lábio superior. *Jornal do Médico*, 5(99), 90–91.

[418] O autor não menciona onde a penicilina foi requisitada, sabemos no entanto que nas datas referidas a Cruz Vermelha Portuguesa controlava a importação e

000 Unidades de penicilina[419]. O autor descreve a dose utilizada (10 000 Unidades) e a frequência do tratamento (3 em 3 horas). Refere que no final da quarta aplicação o doente começou a demonstrar melhoras encontrando-se curado no dia 21 de Novembro. Neste trabalho, ao contrário de outros anteriormente referidos[420], são veiculadas informações clínicas de extrema importância que contribuem para os escassos conhecimentos existentes na época sobre esquemas de tratamento.

Para além dos trabalhos sobre a utilização e aplicabilidade terapêutica da penicilina surgem na literatura científica da época inúmeros trabalhos de revisão sobre o antibiótico. Na elaboração destes importantes trabalhos, os farmacêuticos deram um significativo contributo.

Refira-se, desde logo Maria Serpa dos Santos (1916-2011). Natural da cidade da Horta nos Açores concluiu em 1941 a licenciatura em farmácia na Faculdade de Farmácia da Universidade do Porto e em Novembro de 1947 prestou provas de doutoramento em farmácia, na mesma Faculdade, com a dissertação "Os fatores de crescimento das bactérias lácteas (lactobacillus). Contribuição para o seu estudo". Foi aprovada com 18 valores, tornando-se na primeira mulher doutorada em farmácia em Portugal. Em 1948 assumiu o cargo de primeira-assistente na Escola de Farmácia da Universidade de Coimbra[421]. Em Dezembro de 1970 foi aprovada por unanimidade nas provas prestadas para o concurso a Agregado pela Faculdade

---

distribuição do medicamento. Consultámos o arquivo da Cruz Vermelha Portuguesa mas não conseguimos encontrar a requisição da penicilina referente a este caso.

[419] Cada ampola de penicilina continha 100 000 Unidades do medicamento.

[420] Veja-se Novidades médicas – Penicilina (1944). *Jornal do Médico*, 4(82), 319. Em que se encontra descrito o trabalho do clínico espanhol Torres Gost e Guilherme Lopes. A penicilina por via carotidiana (1944). *A Medicina Contemporânea*, 62(19-20), 224–225. Onde está retratado o resultado dos trabalhos efetuados por Guilherme Lopes na Casa de Saúde de Sº Lázaro em Braga.

[421] Cf. Santos, C. A. D. dos. (2011). *História da Universidade do Porto* (2.ª Edição). Porto: Universidade do Porto Editorial, 177.

de Farmácia da Universidade de Coimbra[422]. A professora na Escola de Farmácia da Universidade de Coimbra publicou em 1944 no *Notícias Farmacêuticas* um importante trabalho de revisão com o título "Penicilina e produtos similares"[423]. Este artigo também foi divulgado, em 1944 na revista *Boletim Geral de Medicina*[424] da colónia portuguesa de Goa. Neste trabalho Maria Serpa dos Santos refere os estudos de Gerhard Domagk como um importante marco no desenvolvimento da quimioterapia. Descreve a penicilina como "o maior entre os maiores dos seus congéneres"[425] (não escreve penicilina com maiúscula). Refere a descoberta da penicilina por Fleming, as tentativas de purificação de Raistrick e finalmente os trabalhos da equipa de Oxford. Menciona depois as propriedades físico-químicas da penicilina e a sua constituição, citando os principais trabalhos desenvolvidos nesta área. Descreve a toxicidade da penicilina *in vitro* e *in vivo* e os trabalhos efetuados em Inglaterra e nos EUA sobre a ação terapêutica do medicamento. Reconhece a dificuldade de determinação das doses ideais. Refere as vias de administração do medicamento, apresentando as vantagens e desvantagens de cada uma delas. Caracteriza as doenças infeciosas nas quais está indicado o tratamento com penicilina e as regras estabelecidas por Florey para garantir a eficácia do tratamento. Na sua opinião "a penicilina é um poderoso agente quimioterápico, ao qual está reservado, sem dúvida, um largo futuro"[426]. Este importante trabalho de revisão da professora da Escola de Farmácia de Coimbra

---

[422] Silva, J. P. da. (2011). Recordando Maria Serpa dos Santos. *Revista da Ordem dos Farmacêuticos*, *17*(98), 71. Sobre Maria Serpa dos Santos veja-se também o seu processo de professora no Arquivo da Universidade de Coimbra (DIV-S1ºD-E8-T2).

[423] Santos. Penicilina e produtos similares, *op. cit.*

[424] Santos, M. S. dos. (1944a). Actualidades terapêuticas - Penicilina e produtos similares. *Boletim Geral de Medicina*, *26*(1-12), 38–47.

[425] Santos. Penicilina e produtos similares, *op. cit.*

[426] Ibid.

demonstra a atualidade dos seus conhecimentos científicos[427] e a preocupação em transmiti-los de uma forma simplificada mantendo um elevado rigor científico.

Na sequência deste trabalho, Maria Serpa dos Santos, publicou no *Notícias Farmacêuticas* outro artigo de grande interesse sobre a penicilina intitulado "Preparação de penicilina"[428]. Neste trabalho Maria Serpa dos Santos descreve detalhadamente os principais métodos de obtenção do medicamento. Refere que os progressos na área da produção de penicilina são constantes mas que a dificuldade na obtenção de literatura científica estrangeira atualizada impede a apresentação das teorias mais recentes. Expõe os EUA como o país com maior produção de penicilina mas alerta que as dezasseis fábricas existentes nesse país não são suficientes para satisfazer as necessidades de produção do medicamento "motivo porque se iniciou a construção de novas instalações para a produção em larga escala"[429]. A autora passa depois a caracterizar os processos utilizados para determinar a atividade da penicilina numa preparação, descreve a unidade de referência da penicilina, a unidade Oxford ou unidade Florey, e menciona que está a ser estudada uma unidade internacional com o objetivo de eliminar qualquer discrepância na determinação da atividade do medicamento. Através deste trabalho e do anterior, Maria Serpa dos Santos resume os factos mais importantes sobre a penicilina, uma das maiores descobertas científicas do século XX[430].

Em Agosto de 1944 apesar da penicilina ainda não se encontrar disponível em Portugal, Maria Serpa dos Santos proferiu três lições dedicadas ao medicamento no VI Curso de Férias da Escola de

---

[427] Cf. Pita, Pereira & Granja. A introdução da penicilina em Portugal, *op.cit.*

[428] Santos, M. S. dos. (1944c). Preparação de penicilina. *Notícias Farmacêuticas*, *11*(3-4), 146-159.

[429] Ibid.

[430] Cf. Pita, Pereira & Granja. A introdução da penicilina em Portugal, *op. cit.*

Farmácia de Universidade de Coimbra[431] que decorreu entre 1 e 15 do referido mês. Através dos Cursos de Férias a Escola de Farmácia de Coimbra "procura imprimir um certo grau de elevação, compatível com as possibilidades e com a tradição da Escola"[432] transmitindo aos seus alunos matérias de grande atualidade científica. As lições proferidas sobre a penicilina corroboram este facto. No VI Curso de Férias da Escola de Farmácia de Coimbra, Maria Serpa dos Santos apresenta a 6 de Agosto de 1944 a conferência "Penicilina e produtos similares. Origem e propriedades; aplicações", que o Diretor da Escola, Prof. Doutor José Cipriano Rodrigues Dinis, comenta como "assunto de atualidade, excelentemente tratado, ao qual a autora se tem dedicado com cuidadosa atenção"[433]. A 8 de Agosto, Maria Serpa dos Santos profere a lição teórica "A preparação de penicilina" e no âmbito dos *Trabalhos de laboratório* do VI Curso de Férias apresenta a lição "Micoantigénios, género Penicilina; Determinação da atividade destes produtos". A revista *Notícias Farmacêuticas*[434] faz referência ao curso de férias da Escola de Farmácia e apresenta um resumo das lições teóricas proferidas por esta investigadora sobre a penicilina. O jornal *Gazeta de Coimbra*, na sua edição de 5 de Agosto[435], também publicou, em primeira página, uma notícia sobre o referido curso. O conteúdo da notícia foi quase inteiramente

---

[431] Dinis, J. C. R. (1945b). Vida escolar – Relatório do director da escola de farmácia referente ao ano escolar de 1943-1944. *Boletim da Escola de Farmácia da Universidade de Coimbra*, 5, 239-407.

[432] Dinis, J. C. R. (1945a). Actividade escolar – Relatório do director da escola de farmácia da Universidade de Coimbra referente ao ano lectivo de 1944-1945. *Boletim da Escola de Farmácia da Universidade de Coimbra*, 5, 308-402.

[433] Dinis. Vida escolar – Relatório do director da escola de farmácia referente ao ano escolar de 1943-1944, *op. cit.*

[434] VI Curso de Férias da Escola de Farmácia da Universidade de Coimbra (1945). *Notícias Farmacêuticas*, 11(9-10), 393-403.

[435] Vida Universitária. O VI Curso de Férias da Escola de Farmácia. (1944, 5 de Agosto). *Gazeta de Coimbra*, p. 1. Coimbra.

dedicado à lição "Penicilina e produtos similares. Origem e propriedades; aplicações" proferida por Maria Serpa dos Santos.

No VII Curso de Férias da Escola de Farmácia da Universidade
de Coimbra[436] que decorreu entre 1 e 15 de Agosto de 1945 Maria
Serpa dos Santos voltou a abordar a penicilina. Neste curso de férias
a docente apresenta nas suas lições teóricas os temas "Fermentações
industriais" e "Os agentes de algumas fermentações" e nos trabalhos
práticos os temas "Preparação de pomada de penicilina e determinação da respetiva atividade", "Determinação do poder antissético
de diversos medicamentos" e "Determinação da atividade de com-
primidos de bactérias lácticas". Com a exceção do último ponto
todos os restantes relacionam-se com a penicilina. Estes trabalhos
demonstram que Maria Serpa dos Santos estava ciente do valor da
penicilina e do seu impacto na terapêutica[437] bem como a sua preocupação em transmitir aos seus alunos matérias de grande interesse
e atualidade. Na lição prática "Preparação de pomada de penicilina e
determinação da respetiva atividade" lecionada neste curso de férias
a docente terá procurado preparar os seus alunos para a receção da
penicilina nas farmácias. Em Junho de 1945[438], cessou o controlo
da CVP sobre a distribuição da penicilina e iniciou-se a venda do
medicamento nas farmácias portuguesas[439]. A apresentação da citada
lição no curso de férias comprova a preocupação da docente em
preparar cientificamente os farmacêuticos para a receção do medicamento. Ao consultarmos o arquivo da CVP verificamos que a 25
de Junho de 1945 a Escola de Farmácia da Universidade de Coimbra

---

[436] Dinis. Actividade escolar - Relatório do director da escola de farmácia da
Universidade de Coimbra referente ao ano lectivo de 1944-1945, *op. cit.*

[437] Cf. Pereira & Pita. Alexander Fleming (1881-1955) Da descoberta da penicilina
(1928) ao Prémio Nobel (1945) , *op. cit.*

[438] Arquivo da Cruz Vermelha Portuguesa. Carta enviada à Junta Consultiva para
a Distribuição da Penicilina em Portugal em 12 de Junho 1945, *op. cit.*

[439] Regulamento da venda da Penicilina, *op. cit.*

"pede 1 ampola de penicilina para experiências laboratoriais"[440]. A coincidência de datas leva-nos a supor que esta penicilina terá sido pedida por Maria Serpa dos Santos para a realização de trabalhos de investigação e provavelmente para utilização na lição prática "Preparação de pomada de penicilina e determinação da respetiva atividade" proferida no VII Curso de Férias da Escola de Farmácia de Coimbra.

A preocupação em manter os alunos atualizados e informados sobre as novidades terapêuticas também é notório na Faculdade de Medicina da Universidade de Coimbra. Nos "Apontamentos de farmacologia"[441] referentes ao ano letivo 1946/1947 foram abordados importantes aspetos farmacológicos, terapêuticos e clínicos da penicilina. No X Curso de Férias da Faculdade de Medicina da Universidade de Coimbra realizado em Julho de 1947 foi apresentada a lição "Aquisições recentes em urologia" proferida por L. de Morais Zamith, na qual o decente refere a utilização de penicilina naquela especialidade.

Na Faculdade de Farmácia da Universidade do Porto as propriedades da penicilina e os seus métodos de dosagem também foram focados e transmitidos aos alunos, como podemos constatar através do manual de ensino "Apontamentos para o estudo comparativo das farmacopeias"[442].

Em 1945 Maria Serpa dos Santos publicou outro importante trabalho onde descreve os métodos para a "Aferição da penicilina"[443]. No artigo publicado no *Boletim da Escola de Farmácia da Universidade*

---

[440] Arquivo da Cruz Vermelha Portuguesa. Carta da Escola de Farmácia de Universidade de Coimbra de 25 de Junho de 1945 - Número de ordem de entrada 9683. Em *Livro de correspondência recebida*. Lisboa

[441] Guimarães, F. de (1946/1947). *Apontamentos de farmacologia*. Org. A. J. Paulino, J. M. F. Martins & V. S. Moreira. Coimbra.

[442] Faculdade de Farmácia do Porto (1956/1957). *Apontamentos para o estudo comparativo de farmacopeias*. Porto: Edição da secção de textos da A.E.F.F.

[443] Santos. Aferição da penicilina, *op. cit.*

de Coimbra a autora expõe 12 métodos para determinar a atividade da penicilina, agrupados em função das técnicas laboratoriais que empregam e ordenados de acordo com investigador que os descreveu, Maria Serpa dos Santos salienta a importância da utilização da mesma estirpe de bactéria para a obtenção de resultados fidedignos em qualquer dos métodos empregues. Neste trabalho de índole laboratorial a autora não se limita a descrever as técnicas utilizadas para aferir a penicilina também apresenta o resultado dos trabalhos que realizou para determinar a atividade do fármaco. A professora da Escola de Farmácia de Coimbra considerou necessária a realização deste trabalho para determinar a razão das falhas nos tratamentos em que a utilização da penicilina era considerada de indicação absoluta. Dos ensaios que realizou concluiu que o título do medicamento era inferior ao apresentado, na sua opinião a perda de atividade da penicilina poderia ter resultado de condições de conservação inadequadas, pelo que alertava para a importância da manutenção das mesmas aquando do armazenamento do medicamento nas farmácias.

Em 1947 Maria Serpa dos Santos coligiu as "Formas farmacêuticas de penicilina"[444] dando mais um contributo significativo na divulgação de conhecimentos sobre o medicamento.

Raúl de Carvalho (1888-1980), farmacêutico e médico, é outro investigador empenhado na penicilina. Natural de Lisboa licenciou-se em medicina, em 1913, pela Faculdade de Medicina e em farmácia, em 1921, pela Faculdade de Farmácia, ambas da Universidade de Lisboa. Em 1923 defendeu a tese "Vacinas bacterianas" tornando-se no primeiro doutorado pela Faculdade de Farmácia da Universidade de Lisboa[445]. Em 1944 Raúl de Carvalho, então professor da Escola de

---

[444] Santos, M. S. dos. (1947). *Formas farmacêuticas de penicilina* (1.ª Edição). Coimbra: Escola de Farmácia da Universidade de Coimbra.

[445] Cf. Franco, J. E., & Simões, A. (2011). Universidade – Uma utopia revisitada. *Revista Letras com Vida – Literatura, Cultura e Arte, 3*(1), 104.

Farmácia de Lisboa[446], publicou na revista *Jornal dos Farmacêuticos* um importante trabalho de revisão intitulado "Penicilina: seu estudo entre 1929 e 1943"[447]. Este artigo, bastante extenso, foi publicado em dois números do *Jornal dos Farmacêuticos* e na sua elaboração o autor consultou 268 trabalhos de autores estrangeiros, essencialmente britânicos e norte americanos[448]. Na introdução Raúl de Carvalho faz referência à capacidade demonstrada pelo homem ao longo dos tempos em estudar os seres que o rodeiam e na aptidão que tem evidenciado em utilizá-los em seu benefício. Aborda estudos realizados sobre várias substâncias produzidas por fungos, nomeando-as alfabeticamente, referindo a sua origem e aplicabilidade terapêutica que a maioria demonstrou ser reduzida ou mesmo inexistente devido à elevada toxicidade revelada. Refere com mais pormenor a gramicidina descrevendo que foi isolada por René J. Dubos, no Rockefeller Institute em 1939 e simultaneamente por Hooger Heide no Instituto Francklin. Menciona que a substância detém alguma utilidade quando aplicada externamente em veterinária mas que apresenta uma elevada toxicidade quando administrada por via parenteral. Após esta nota introdutória o autor detalha vários pontos sobre a penicilina começando por referir que o interesse despertado na terapêutica por esta substância se deve ao seu elevado poder bacteriostático associado a uma toxicidade extremamente baixa.

O relato apresentado por Raúl de Carvalho sobre a descoberta da penicilina difere ligeiramente do apresentado por autores

---

[446] O Decreto n.º 21 853 de 8 de Novembro de 1932, através do Artigo 1.º extinguiu a Faculdade de Farmácia da Universidade de Lisboa e pelo Artigo 2.º criou na Universidade de Coimbra e de Lisboa as Escolas de Farmácia. Só em 1968 através do Artigo 1.º do Decreto-lei n.º 48 696 de 22 de Novembro são transformadas as Escolas de Farmácia das Universidades de Coimbra e Lisboa em Faculdades com um plano curricular idêntico ao da Faculdade de Farmácia da Universidade do Porto.

[447] Carvalho. Penicilina: Seu estudo entre 1929 e 1943, *op. cit.*

[448] Carvalho, R. de (1944b). Penicilina: Seu estudo entre 1929 e 1943. *Jornal dos Farmacêuticos*, *III*(31-32), 95-129.

seus contemporâneos como Toscano Rico[449] e José Garrett[450] na medida em que Raúl de Carvalho especifica que a penicilina foi descoberta por Fleming ao analisar uma cultura "vinte e quatro horas após a incubação"[451]. É interessante realçar que o artigo de Alexander Fleming para o *The British Journal of Experimental Pathology*[452] é omisso neste detalhe. Através de publicações posteriores, como o livro de David Masters "Miracle drug: the inner history of penicillin"[453] tomamos conhecimento que a placa de Petri que deu origem à descoberta da penicilina foi observada por Fleming mais de vinte e quatro horas após a sua incubação, inclusivamente que este se preparava para a descartar quanto observou o fenómeno que iria transformar a terapêutica anti-infeciosa. Outra discrepância que encontramos no texto de Raúl de Carvalho refere-se à atribuição do nome penicilina à substância encontrada por Fleming, segundo este autor "em 1940 que a Escola de Oxford dá oficialmente o nome de Penicilina à substância bacteriostática retirada dos *Penicillia*"[454] quando sabemos que o nome foi atribuído por Alexander Fleming em 1929[455]. Raúl de Carvalho explica que a partir de 1940 foram desenvolvidos vários trabalhos de investigação com o objetivo de descobrir substâncias com as mesmas características que a penicilina mas de mais fácil extração e produção em grandes quantidades, no entanto apesar de terem sido descobertas várias substâncias nenhuma revelou ter qualquer aplicabilidade

---

[449] Rico, J. T. (1944a). Progressos na quimioterapia: fungos e bactéria. *A Medicina Contemporânea, 62*(Fevereiro), 33–44.

[450] Garrett. A Penicilina, *op. cit.*

[451] Carvalho. Penicilina: Seu estudo entre 1929 e 1943, *op. cit.*

[452] Fleming. On the antibacterial action of cultures of a penicillium with special reference to their use in the isolation of *B.influenzae*, *op. cit.*

[453] Masters. *Miracle drug: the inner history of penicillin, op. cit.*, 26 .

[454] Carvalho. Penicilina: Seu estudo entre 1929 e 1943, *op. cit.*

[455] Fleming. On the antibacterial action of cultures of a penicillium with special reference to their use in the isolation of *B.influenzae*, *op. cit.*

terapêutica. Descreve que em 1941 a equipa da Universidade de Oxford realizou, com sucesso, os primeiros ensaios terapêuticos com penicilina. Relata a viagem de Howard Florey para os EUA com o objetivo de auferir a colaboração do governo daquele país para a produção de penicilina em larga escala e que indústrias farmacêuticas norte americanas, nomeadamente a Merck, Squibb, Ch. Pfizer e Lederle, demonstraram interesse no projeto. Explica que as técnicas de produção desenvolvidas pelos americanos obtêm uma maior rentabilidade que as utilizadas no Reino Unido. O autor cita os principais trabalhos publicados sobre a penicilina, mas explica que a dificuldade existente na obtenção de publicações estrangeiras atualizadas, especialmente dos EUA, leva a algumas omissões. Na lista de publicações importantes o autor menciona os trabalhos de revisão de Toscano Rico e José Garrett. Raúl de Carvalho descreve a composição química da penicilina e dos seus derivados e refere que estão a ser efetuados trabalhos de investigação tanto nos EUA como em Inglaterra com o objetivo de apurar a estrutura química da molécula. Refere os sais da penicilina e as fórmulas químicas propostas tanto para a penicilina pura como para os seus "derivados salinos". Descreve as características físico-químicas da penicilina e as suas propriedades biológicas e bacteriostáticas. Para o autor os resultados dos trabalhos experimentais realizados não demonstraram coerência quantitativa devido aos diferentes graus de pureza da penicilina utilizada, no entanto os resultados dos trabalhos qualitativos são concordantes no que respeita à ação biológica do medicamento. Descreve exaustivamente as propriedades da penicilina. Explica o mecanismo de ação proposto para a sua ação antibacteriana e refere a utilidade da penicilina como agente laboratorial no isolamento de bactérias.

Apresenta ainda uma listagem das estirpes bacterianas nas quais a penicilina exerce a sua ação e uma tabela onde resume as diferenças entre a ação da penicilina e das sulfamidas.

Por fim resume a informação descrita em trabalhos publicados por vários investigadores sobre as "diluições máximas que permitem bacteriostase completa"[456], ressalvando que a informação poderá estar incompleta por "irregularidade e atraso no recebimento de publicações periódicas estrangeiras, motivada pela guerra"[457].

No ponto seguinte Raúl de Carvalho faz referência à preparação industrial da penicilina, para a qual descreve três etapas. Segundo o autor a primeira decorreu entre 1929 e 1939 em que trabalhos efetuados se devem sobretudo a Fleming, a segunda entre 1939 e meados de 1941 onde os pregressos são atribuídos aos trabalhos da equipa da Universidade de Oxford, nesta fase há um aperfeiçoamento das técnicas de preparação e doseamento da penicilina e por último, a terceira etapa, de "grande produção industrial"[458] com inicio em 1941 até à data de publicação do artigo. Nesta última etapa colaboraram dezasseis indústrias farmacêuticas norte americanas que com o apoio do "Office of Scientific Research and Development" tornaram os Estados Unidos da América no maior produtor mundial de penicilina. São descritos os principais métodos de produção e extração do medicamento, ressalvando que a obtenção de penicilina com um elevado grau de pureza encarece o processo de produção tornando-o economicamente inviável. As diferentes técnicas de produção originam penicilina com graus de pureza distintos, que devem ser tituladas de modo a "dosear as quantidades e [as] ministrar clinicamente"[459]. Neste sentido Raúl de Carvalho caracteriza as técnicas de titulação utilizadas, separando-as em qualitativas e quantitativas e descreve a unidade de Oxford que "equivale à quantidade de Penicilina contida no volume de 1 centí-

---

[456] Carvalho. Penicilina: Seu estudo entre 1929 e 1943, *op. cit.*
[457] Ibid.
[458] Ibid.
[459] Ibid.

metro cúbico e que deslocada, segundo a técnica de Florey, sobre uma cultura de estafilococo áureo, produz um halo de 24 milímetros de diâmetro"[460]. O autor refere que a penicilina deve ser conservada em meio seco, ao abrigo da humidade e temperatura.

O próximo ponto focado é alusivo aos ensaios clínicos realizados em animais e no homem. São descritos detalhadamente os estudos realizados por Chain em animais, cujo resultado justificou propagação dos trabalhos e a realização de ensaios no homem. São apresentados os estudos realizados pela equipa de Howard Florey assim como os de outros investigadores britânicos e americanos. O autor menciona o trabalho de Chester Keefer[461] publicado no *The Journal of the American Medical Association* referindo que os resultados obtidos são coincidentes e confirmam os apresentados pelos investigadores britânicos. Raúl de Carvalho conclui sobre os resultados, descrevendo as infeções mais sensíveis à penicilina. Aborda os resultados dos estudos efetuados pelo Major Lyons e pelo Major Pulvertaft sobre o tratamento de feridas de guerra com penicilina. Refere o trabalho publicado por Florey e Williams em que os autores estudam 212 casos de infeções agudas das mãos, estudo que apresenta a particularidade dos autores terem tratado metade dos casos com penicilina e a outra metade pelos métodos vulgarmente utilizados e comprovou a vantagem da utilização da penicilina nos tratamentos efetuados.

O autor dedica o próximo subcapítulo às formas farmacêuticas utilizadas para a aplicação e administração do medicamento. Refere a relação entre o grau de pureza da penicilina e o seu custo, reconhece que não estão estudadas todas as formas de aplicação da

---

[460] Ibid.

[461] Keefer et al.. Penicillin in the treatment o infections – A report of 500 cases, *op. cit.*

penicilina e menciona que a grande maioria dos estudos têm sido realizados em Inglaterra e nos Estados Unidos da América. Apresenta as diversas formas farmacêuticas com penicilina utilizadas na terapêutica: os solutos (aquosos, em soro fisiológico e aquoso-etéreo), os pós (simples e compostos) e as pomadas. Caracteriza a sua ação farmacológica, enuncia os responsáveis pela formulação e divulga os comentários dos investigadores que as empregaram. Em relação ao estudo das aplicações terapêuticas da penicilina o autor reconhece que ainda se encontram em fase de investigação e que em alguns casos os resultados apresentados pelos diferentes investigadores não são coincidentes principalmente em relação às vias de administração preferenciais para determinados tratamentos. Resume as principais vias de administração e enumera as regras reconhecidas para a terapêutica com o medicamento. Seguidamente apresenta as doses descritas para o tratamento com penicilina pelas diferentes vias de administração, passando depois a especificar a posologia recomendada por doença. Explica que quando possível, o tratamento local, permite economizar o medicamento com a obtenção de bons resultados.

Na opinião de Raúl de Carvalho a utilização de penicilina revolucionou "a antiga técnica cirúrgica"[462]. Em relação à toxicidade o autor alude que esta se deve maioritariamente às impurezas presentes e não ao medicamento em si. Menciona o artigo publicado por Florey e Florey onde está descrita a utilização de doses muito elevadas sem que ocorresse qualquer fenómeno tóxico que obrigasse à descontinuação do tratamento. Apresenta o resultado de estudos efetuados nos EUA sobre as reações adversas da penicilina, referindo que o número de casos observados foi bastante superior ao dos estudos britânicos. Reporta que o relatório do Major Lyons agrupa as reações adversas ao medicamento em reações adversas

---

[462] Carvalho. Penicilina: Seu estudo entre 1929 e 1943, *op. cit.*

imputadas à penicilina e em reações devidas a impurezas presentes. O autor aborda ainda as razões do insucesso de alguns tratamentos com penicilina, referindo a fármaco-resistência, a utilização de uma dose insuficiente, a administração por uma via inadequada e um tempo de tratamento demasiado curto ressalvando, no entanto, que nalguns casos o insucesso pode advir da falta de sensibilidade do agente patogénico à penicilina. O autor apresenta as principais doenças resistentes ao tratamento com penicilina, esclarecendo que em relação à sífilis os resultados existentes ainda não são conclusivos mas que estudos preliminares sugerem vantagens na utilização do medicamento no tratamento desta enfermidade.

Após descrever as propriedades físico-químicas, galénicas, farmacológicas e terapêuticas da penicilina o autor aborda questões relacionadas com a produção industrial do medicamento. Menciona o custo elevado de produção e a inexistência de penicilina em quantidade suficiente para satisfazer as necessidades. Refere o apoio prestado pelos governos Inglês e Norte Americano às empresas para a produção em larga escala do medicamento. Apresenta vários cálculos sobre a quantidade de penicilina obtida a partir dos diferentes meios de cultura e o respetivo custo de produção. Segundo o autor a produção de penicilina em Portugal, baseada nos cálculos apresentados e no preço dos diversos reagente necessários, é economicamente inviável, sendo preferível recorrer à importação. O autor calcula o custo do tratamento de algumas enfermidades com penicilina e conclui que a gonorreia é a doença "mais barata de tratar"[463] e que as feridas infetadas quando tratadas por via parenteral são as mais dispendiosas. Para o autor o custo de produção é demasiado elevado para tornar a massificação da terapêutica da penicilina uma realidade. Segundo o mesmo autor a resolução do problema passa pela produção do medicamento por síntese química, existindo mesmo

---

[463] Ibid.

alguns dados encorajadores que contribuem, segundo ele, para este objetivo. A inexistência de uma indústria química suficientemente desenvolvida e a ausência de químicos com conhecimentos nesta área, irá, segundo o autor, impedir que Portugal consiga competir com as indústrias farmacêuticas estrangeiras na produção de penicilina. Na sua opinião o desenvolvimento da indústria farmacêutica nacional passa primeiro pelo desenvolvimento da indústria química, sem a qual não existirão as matérias-primas necessárias à produção especializada. No final do artigo o autor apresenta o índice e uma nota referindo que "serão possíveis algumas faltas neste (...) trabalho"[464] mas promete "não abandonar o assunto e completa-lo em futuros artigos"[465].

Este artigo apresenta-se muito completo, transmitindo ao leitor informações sobre todos os pontos relevantes relacionados com a penicilina. O texto é de grande utilidade para farmacêuticos, especialmente quando são referidos aspetos de índole laboratorial e de preparação de formulações, e para médicos visto que são detalhados os pormenores relacionados com a aplicação terapêutica do medicamento. Raul de Carvalho através desta obra dá aos seus leitores uma importante ferramenta de trabalho onde estão sintetizados os conhecimentos existente na época sobre a penicilina e onde é apresentada uma extensa lista da bibliografia consultada onde os leitores poderão complementar e aprofundar conhecimentos em áreas específicas.

Em 1945 surge outro importante trabalho de revisão sobre a penicilina. Pimentel Barata, na época interno dos Hospitais Civis de Lisboa, publicou no *Jornal do Médico* o artigo "Penicilina – Revista geral". Este artigo, à semelhança do de Raúl de Carvalho, também se encontra dividido em partes que surgem em três números conse-

---

[464] Ibid.
[465] Ibid.

cutivos da citada revista. Na primeira parte de "Penicilina – Revista geral"[466] o autor faz uma abordagem histórica da descoberta da penicilina por Alexander Fleming, referindo as dificuldades encontradas por Harold Raistrick e colaboradores na sua purificação. Refere os primeiros ensaios realizados por Fleming sobre a utilização da penicilina como agente terapêutico e como agente de isolamento de bactérias em meios de cultura. Menciona os trabalhos publicados por Howard Florey e pela sua equipa de investigadores onde se encontram descritas as propriedades da penicilina e os métodos utilizados para efetuar a sua purificação, extração e titulação, assim como os ensaios que realizaram para demonstrar a eficácia terapêutica do medicamento no tratamento de infeções bacterianas. Pimentel Barata aborda as dificuldades encontradas pela equipa de Oxford na produção de penicilina em grandes quantidades que terão levado Howard Florey a recorrer aos EUA. Segundo o autor o incremento nas quantidades de penicilina produzidas irá permitir a realização de ensaios noutras circunstâncias e o tratamento de doenças cuja carência do medicamento anteriormente não permitia. O autor resume as dificuldades iniciais encontradas pela indústria na produção do medicamento mencionando que estes contratempos levaram à utilização de estirpes de *Penicillium notatum* mais rentáveis e o recurso a métodos de produção alternativos envolvendo técnicas de fermentação profunda que permitiram a produção de maiores quantidades do medicamento com menor custo. É referido o trabalho de Raul de Carvalho onde o autor calcula o "provável preço da penicilina a produzir em Portugal"[467].

Pimentel Barata esclarece que a necessidade de determinar a potência dos solutos de penicilina levou à criação de uma unidade

---

[466] Barata, P. (1945b). Penicilina – Revista geral. *Jornal do Médico*, 6(131), 277-288.
[467] Ibid.

biológica designada por unidade de Oxford[468]. Menciona as características físico-químicas da penicilina referindo que a sua estrutura química ainda não foi totalmente esclarecida. Em relação às propriedades farmacológicas refere que existem autores que descrevem o mecanismo de ação da penicilina como bactericida e outros que consideram que a sua ação é bacteriostática. Refere também que a ação do medicamento está associada à sensibilidade das bactérias ao mesmo, havendo estirpes que produzem uma enzima, a penicilase, com capacidade de destruir a penicilina, apresenta uma listagem descritiva das bactérias sensíveis ao fármaco. Pimentel Barata menciona o aparecimento de bactérias resistentes à penicilina quando estas são submetidas a doses insuficientes do medicamento. Em relação às características farmacocinéticas da penicilina o autor aponta a escassez do medicamento como um dos fatores limitativos para a realização de mais estudos sobre a absorção, distribuição e excreção da penicilina assinalando que os trabalhos efetuados pela equipa de investigadores da Universidade de Oxford em 1940 e 1941 continuam a ser válidos, apesar de terem sido efetuados alguns estudos posteriores. O autor descreve absorção do medicamento quando administrado pelas diversas vias e refere que a toxicidade apresentada pela penicilina pode ser atribuída a impurezas existentes nas soluções e não ao medicamento.

Pimentel Barata menciona as diferentes formas farmacêuticas utilizadas para administrar a penicilina, detalhando cada uma e expondo os critérios de preferência para a sua utilização. Refere ainda a utilização do filtrado impuro de penicilina para o tratamento de certas feridas e do próprio fungo moído e incorporado em pomadas. Explica que o recurso a estes métodos se deve à escassez de medicamento puro. Relativamente à utilização de penicilina em associações medicamentosas o autor revela que existem opiniões contraditórias

---

[468] Ibid.

sobre este assunto, segundo alguns investigadores obtém-se um efeito sinergístico na associação de penicilina com as sulfamidas mas na opinião de outros não há qualquer vantagem em associar os dois medicamentos, havendo mesmo interferências pelo sulfatiazol na ação da penicilina. Relativamente à via de administração o autor explana os principais critérios que devem ser considerados na sua escolha, especificando as vantagens e desvantagens da utilização das diversas vias de administração. Apesenta as vias de administração geral e as de administração local, nas primeiras refere que a via intramuscular é aceite como a via de eleição para a administração de penicilina na maioria dos casos por ser a que apresenta menos inconvenientes e resultados mais fiáveis, a via intravenosa é a escolhida em doenças com elevados níveis de mortalidade e quando há necessidade de administrar simultaneamente outros medicamentos ou líquidos por via parenteral, apresentando no entanto mais inconvenientes que a via intramuscular. O autor refere que estudos recentes revelaram resultados animadores que expõem novas possibilidades para a administração oral da penicilina, enquanto a administração retal do medicamento é apontada como ineficaz e a administração subcutânea, intramedular e respiratória poderão ser consideradas em situações específicas. No que se refere à administração local de penicilina Pimentel Barata revela que a sua utilização permite o emprego de doses inferiores às utilizadas na administração geral mas que o sucesso da sua utilização está dependente do medicamento atingir e manter-se em contacto com as superfícies afetadas sendo necessário por vezes recorrer a intervenções e limpezas cirúrgicas para garantir o resultado do tratamento.

Na segunda parte do artigo "Penicilina – Revista geral"[469] Pimentel Barata menciona as vantagens decorrentes da absorção lenta da penicilina, referindo as técnicas utilizadas para a prolon-

---

[469] Barata, P. (1945b). Penicilina - Revista geral. *Jornal do Médico*, 6(132), 313-321.

gar a manutenção de concentrações terapêuticas do medicamento no sangue, evitando a necessidade de injeções frequentes. O autor refere que com este objetivo têm sido empregues medicamentos que retardam a eliminação renal da penicilina assim como veículos que retardam a sua absorção e que com esta finalidade também têm sido utilizados métodos que induzem vasoconstrição no local da injeção. No seguimento do trabalho Pimentel Barata aborda questões relacionadas com a escolha da dose. Menciona que na escolha desta devem ser considerados quatro fatores relevantes, a toxicidade do medicamento, o agente patogénico envolvido, a doença e o doente. O autor refere que para algumas enfermidades a concentração mínima eficaz do medicamento ainda não se encontra definida devido à escassez de estudos. Na definição da dose o autor refere que o "estado dos emunctórios"[470] deve ser considerado na determinação da mesma, pois sendo a penicilina eliminada maioritariamente por via renal qualquer patologia que interfira com esta função poderá influenciar a excreção do medicamento e consequentemente a sua concentração plasmática. O autor alerta que em infeções graves o tratamento deve ser prolongado por mais dois a cinco dias após a análise bacteriológica surgir negativa. Como principais causas do insucesso da terapêutica com penicilina refere a utilização de uma dose insuficiente e de um tempo de tratamento demasiado curto, relembra que a sensibilidade do agente patogénico ao medicamento é fundamental para o sucesso da terapêutica e que existem diversas patologias onde a ação da penicilina ainda não foi comprovada por esta se encontrar ainda em fase de estudo. Pimentel Barata apresenta uma listagem das infeções suscetíveis de tratamento com penicilina, ressalvando que nesta não foram incluídas aquelas que são eficazmente tratadas por "sulfamidas ou por outros agentes

---

[470] Ibid.

quimioterápicos"[471]. São descritas em pormenor as doses, as vias de administração e os esquemas de tratamento utilizados na terapêutica das principais patologias suscetíveis à penicilina como a pneumonia, meningite, endocardite lenta, septicémia, infeções das cavidades naturais, osteomielite, abcessos, feridas das partes moles, fraturas expostas, infeções gangrenosas e infeções gonocócicas.

Na conclusão do trabalho de revisão "Penicilina – Revista geral"[472] Pimentel Barata refere algumas indicações terapêuticas nas quais a utilização da penicilina ainda se encontra em estudo, como a sífilis. Aborda também a ação da penicilina em diversas especialidades médicas e expondo a opinião de alguns autores sobre as vantagens da utilização do medicamento na profilaxia de infeções bacterianas. Menciona que a investigação conduziu à descoberta de outros antibióticos mas que estes revelaram pouca utilidade terapêutica, somente a gramicidina demonstrou ter aplicabilidade clínica confirmada. No final do artigo Pimentel Barata apresenta uma extensa lista bibliográfica e refere os trabalhos de Toscano Rico e Raúl de Carvalho como fontes de mais referências.

Um dos mais completos e extensos trabalhos de revisão sobre a penicilina foi o livro publicado por Luís da Silva Carvalho intitulado "Penicilina - Propriedades, Ensaios e Preparações Galénicas"[473]. No prefácio do livro o autor esclarece-nos que o trabalho foi elaborado essencialmente para a classe farmacêutica mas que também poderá ter utilidade para o clínico visto que aborda as diversas vertentes da penicilina e não somente aquelas referentes à sua utilidade clínica e terapêutica. Luís da Silva Carvalho indica que nesta obra tentou reunir informações que permitissem "a aquisição

---

[471] Ibid.

[472] Barata, P. (1945b). Penicilina – Revista geral. *Jornal do Médico*, 6(133), 355-360.

[473] Carvalho, L. S. (1949). *Penicilina – Propriedades, Ensaios e Preparações Galénicas*. Coimbra: Coimbra Editora, Limitada. Veja-se sobre L. Silva Carvalho o seu processo de Professor no Arquivo da Universidade de Coimbra (DIV-S1°D-E6-T2)

de um conhecimento global disperso por milhares de artigos"[474] e que consultou inúmeras publicações estrangeiras mantendo a bibliografia o mais atualizada possível com a inclusão de trabalhos publicados em Dezembro de 1948.

O livro de 568 páginas, datado de 1949, encontra-se dividido em 3 secções, a primeira dedicada às propriedades da penicilina, a segunda onde se encontram descritos padrões, unidades e ensaios do medicamento e a terceira onde o autor pormenoriza as preparações galénicas da penicilina. L. Silva Carvalho descreve as propriedades físicas, a estrutura química, variedades e síntese da penicilina, foca a sua atividade antibacteriana detalhando o mecanismo de ação, a sensibilidade bacteriana e os fatores que influenciam a ação da penicilina. Aborda a problemática da resistência adquirida, retrata a farmacocinética, a toxicidade, as vias de administração, os fatores que influenciam a estabilidade e os meios utilizados para prolongar a ação da penicilina. O autor apresenta as unidades utilizadas para medir a atividade da penicilina e os ensaios laboratoriais empregues para avaliar a sua potência, a sua concentração no organismo, a sensibilidade bacteriana, o seu teor nas preparações galénicas e a esterilidade das mesmas. Na terceira parte do livro L. Silva Carvalho descreve as preparações galénicas contendo penicilina, detalhando as "formas medicamentosas para administração parenteral", as "formas medicamentosas para administração oral" e as "formas medicamentosas para administração local".

Depois de caracterizadas as propriedades, os métodos analíticos e as preparações galénicas da penicilina, L. Silva Carvalho divulga, nas últimas páginas da obra, os laboratórios responsáveis pela comercialização do medicamento em Portugal, surgem representados laboratórios nacionais como o Laboratório da Farmácia Barral e os Laboratórios Azevedos e laboratórios estrangeiros como o ICI

---

[474] Carvalho. *Penicilina – Propriedades, Ensaios e Preparações Galénicas*, op. cit., V.

(Imperial Chemical Industries) e a Pfizer. Cada laboratório identifica as especialidades farmacêuticas que comercializa e em alguns casos enaltecem as qualidades dos seus produtos, como as pomadas oftálmicas do Laboratório Dávi que são descritas como "tecnologicamente perfeitas e farmacologicamente ativas"[475].

Após o lançamento do livro Luís da Silva Carvalho concedeu uma entrevista à revista Eco Farmacêutico[476]. Na opinião do autor a bibliografia disponível para farmacêuticos, escrita em português, é escassa e os limitados recursos financeiros do farmacêutico de oficina dificultam-lhe a aquisição de revistas científicas o que revela ser um obstáculo para o acompanhamento do progresso das ciências, como tal considera importante a publicação de "livros de farmácia"[477] que facilitem a sua atualização profissional. Através do artigo também somos conhecedores que a imprensa estrangeira, espanhola e brasileira, divulgou "por forma cativante"[478] a publicação do livro do professor da Escola de Farmácia da Universidade de Coimbra. A publicidade difundida pelo Eco Farmacêutico refere que se trata da "obra mais atualizada sobre a matéria"[479] e informa-nos sobre o "preço, a pronto, 190$00, mas facilita-se a sua aquisição em 4 prestações mensais de escudos 50$00"[480].

Antes da publicação desta obra Luís da Silva Carvalho já havia publicado no Jornal dos Farmacêuticos uma revisão de conjunto sobre as "Noções de farmacotecnia das preparações penicilínicas"[481]. O artigo, bastante técnico, foca a preparação de "pastilles" de penicilina.

---

[475] Ibid.

[476] Entrevista à volta de um livro (1950). Eco Farmacêutico, 12(103), 4-5.

[477] Ibid.

[478] Ibid.

[479] Publicidade à obra «Penicilina - Propriedades, Ensaios e Preparações Galénica» (1950). Eco Farmacêutico, 12(103), 5.

[480] Ibid.

[481] Carvalho, L. S. (1947). Noções de farmacotecnia das preparações penicilínicas. Jornal dos Farmacêuticos, 6(55), 5–21.

Nele o autor explica que esta forma de administração da penicilina surgiu em Inglaterra e que embora seja uma via de administração popular naquele país ainda não se encontra muito difundida em Portugal. Refere a importância da formulação para que o medicamento possa atuar no local da infeção, menciona estudos realizados por investigadores americanos no sentido de melhorar a formulação das "pastilles" e aponta os principais fatores que devem ser tidos em consideração de forma a manter a atividade da penicilina nesta forma farmacêutica. Após a apresentação das bases teóricas da preparação das "pastilles" o autor descreve minuciosamente o modo operatório para a preparação das mesmas. Através do título e da forma como foi apresentado o conteúdo deste artigo supomos que o autor pretendia apresentar "noções de farmacotecnia" sobre outras formas farmacêuticas com penicilina. Consultámos números subsequentes da revista *Jornal dos Farmacêuticos* e não encontrámos mais referências do autor sobre o tema o que nos leva a assumir que Luís da Silva Carvalho consciente da importância do assunto e da escassez de publicações nacionais sobre o tema[482] tenha optado por dar continuidade ao seu trabalho através da publicação da obra "Penicilina – Propriedades, Ensaios e Preparações Galénicas"[483].

Outra série de trabalhos pioneiros realizados no nosso país, sobre a utilização de penicilina, são os estudos efetuados na Clínica de otorrinolaringologia do Hospital de Stº António dos Capuchos em Lisboa sob a direção do Prof. Doutor Carlos Larroudé. Os trabalhos retratam o "Tratamento das tromboflebites do seio lateral" e o tema foi discutido na reunião de Janeiro de 1945 do Corpo Clínico[484] do

---

[482] Entrevista à volta de um livro, *op. cit.*

[483] Carvalho. *Penicilina – Propriedades, Ensaios e Preparações Galénicas, op. cit.*

[484] Reuniões científicas – Clínica de oto-rino-laningologia – Hospital St· António dos Capuchos n.º 25 e 26 (1945). *Boletim Clínico e de Estatística dos Hospitais Civis de Lisboa*, 6(25-26), 78-85.

referido hospital tendo as atas sido publicadas no número 25-26 do *Boletim Clínico e de Estatística dos Hospitais Civis de Lisboa* de 1945.

Estes trabalhos referem-se ao estudo de doze casos de trombo-flebites do seio lateral tratados durante o ano de 1943 na clínica de otorrinolaringologia. Dos doze casos estudados oito curaram-se e quatro faleceram. Em dois dos casos foi administrada penicilina, sendo referida a dose (100 000 U diárias), a via de administração, em injeções intramusculares, e a frequência do tratamento, de quatro em quatro horas. Um dos doentes aos quais foi administrada penicilina faleceu, mas os autores ressalvam que esta só foi utilizada após se verificar a ineficácia das sulfamidas e o doente já se encontrar num estado muito grave. O outro doente tratado com penicilina manifestou melhorias logo após a primeira administração do medicamento. Os casos apresentados são referidos como tendo sido tratados em 1943, caso esta data esteja correta, o estudo decorreu num período anterior, ao que conhecemos, da introdução da penicilina em Portugal. Na nossa opinião a data apresentada para a realização dos trabalhos não está correta, pressupostamente por erro tipográfico e que na realidade o estudo decorreu em 1944, ano em que a penicilina ficou disponível em Portugal por intermédio da CVP. Outro facto que pensamos corroborar a nossa suposição foi a data da realização da reunião do Corpo Clínico, Janeiro de 1945. É sensato admitir que a reunião pretende efetuar uma revisão dos casos clínicos tratados no decurso do ano anterior e não de dois anos antes. Excertos da ata desta reunião foram publicados noutras revistas contemporâneas, como o *Jornal do Médico*[485] e a *Clínica, Higiene e Hidrologia*[486], onde também surge 1943 como o ano em que foram observados os referidos casos tratados com penicilina.

---

[485] Clínica oto-rino-laringológica do Hospital de St· António dos Capuchos (1945). *Jornal do Médico, 5*(106), 322.

[486] Hospitais Civis de Lisboa (1945). *Clínica, Higiene e Hidrologia, 11*(2), 51-52.

Quando consultámos o Arquivo da CVP em Lisboa encontrámos uma requisição de penicilina do Prof Carlos Larroudé[487] à Junta Consultiva para a Distribuição de Penicilina em Portugal e cartas dos Hospitais Civis de Lisboa acusando a receção de penicilina datadas de Setembro[488] e Outubro[489] de 1944. Entendemos que estes registos reforçam a nossa suposição que os casos clínicos reportados foram tratados em 1944 e não em 1943.

Na terceira reunião mensal de 1945 do Corpo Clínico[490] o Prof. Doutor Carlos Larroudé apresentou a comunicação, "Osteomielites do frontal", onde descreve um caso de osteomielite do frontal no qual obteve resultados positivos com a administração penicilina e sulfamidas associadas ao tratamento cirúrgico. Carlos Larroudé comentou que "deve talvez poder atribuir-se ao tratamento pela Penicilina[491] e sulfamidas o ter sido possível debelar dois focos de osteomielite"[492]. O autor referiu que foram utlizadas neste tratamento 1 700 000 unidades de penicilina. De acordo com os nossos cálculos o tratamento terá custado 3 910$00[493], sem dúvida um valor muito elevado para a época tendo em consideração que um empregado de escritório

---

[487] Arquivo da Cruz Vermelha Portuguesa. Processo individual de penicilina número 1150, médico requerente Carlos Larroudé. Em *Cruz Vermelha Portuguesa - Junta Consultiva de Distribuição de Penicilina em Portugal, Volume I, 1944-1945*. Lisboa.

[488] Arquivo da Cruz Vermelha Portuguesa. Carta dos Hospitais Civis de Lisboa de 27 de Setembro de 1944 – Número de ordem de entrada 4015. Em *Livro de correspondência recebida*. Lisboa.

[489] Arquivo da Cruz Vermelha Portuguesa. Carta dos Hospitais Civis de Lisboa de 18 de Outubro de 1944 – Número de ordem de entrada 4442. Em *Livro de correspondência recebida*. Lisboa.

[490] Reuniões científicas – Clínica de oto-rino-laningologia – Hospital St· António dos Capuchos nº25 e 26, *op. cit.*

[491] Note-se que penicilina se encontra escrita com letra maiúscula que, conforme já referimos, lhe confere um certo estatuto distanciando-a das sulfamidas.

[492] Reuniões científicas – Clínica de oto-rino-laningologia – Hospital St· António dos Capuchos nº25 e 26, *op. cit.*

[493] Sabemos, por consulta do Arquivo da Cruz Vermelha Portuguesa, que o preço de uma ampola de 100 000 unidades de penicilina era 230$00.

de um armazém de mercadorias tinha uma remuneração mensal de 200$00 a 350$00, de acordo sua experiência profissional[494].

Na reunião de 14 de Junho de 1945 do Corpo Clínico do Hospital de St. António dos Capuchos[495] em Lisboa foi apresentado pelo Dr. Silva Alves um caso clínico em que foi utilizada penicilina e sulfatiazol para tratar uma criança com osteomielite do maxilar superior. O autor refere a dose diária de penicilina utilizada (40 000 unidades), assim como a dose total empregue (400 000 unidades), menciona também que a criança se julgava curada após seis dias de tratamento mas que houve uma recaída que obrigou a uma nova administração de penicilina e que após onze dias se comprovou a cura da criança por radiografia. A publicação de resultados sobre a utilização clínica da penicilina foi de extrema importância visto permitir a partilha de informação entre profissionais; segundo Silva Alves "o caso é uma contribuição para o estudo da terapêutica pela penicilina"[496]. O facto de o autor ter mencionado que houve uma recaída após a cura aparente transmite informações relevantes sobre o tempo de tratamento. Na época as informações existentes sobre a terapêutica com penicilina eram escassas e estes contributos forneceram dados que propiciaram o sucesso de tratamentos posteriores. No decurso da referida reunião foi apresentado um outro caso clínico em que a penicilina também foi utilizada com sucesso. O caso descreve o tratamento de um "Furúnculo do vestíbulo nasal direito. Tromboflebite do seio cavernoso"[497] e foi apresentado pelo Dr. Pires Tavares. O doente foi tratado com penicilina, sulfatiazol e

---

[494] Instituto Nacional de Estatística. (1945). *Taxas de remuneração de trabalho oficialmente estabelecidas : 1934-1944*. Lisboa: Sociedade Tipográfica, Lda, 182.

[495] Reuniões científicas – Hospital St. António dos Capuchos – Clínica oto-rino--laringológica nº27 (1945). *Boletim Clínico e de Estatística dos Hospitais Civis de Lisboa*, 6(27), 73-76.

[496] Ibid.

[497] Ibid.

transfusão de sangue. Após seis dias de tratamento foi considerado curado obtendo alta dez dias depois, mas três semanas após a alta foi internado novamente com uma septicémia tendo permanecido internado durante mais vinte e cinco dias ao fim dos quais lhe foi dada alta por se encontrar curado. À semelhança do que referimos para o caso anterior também aqui são transmitidas informações importantes sobre o tempo de tratamento, o próprio autor adverte que "o caso apresentado aconselha, de futuro, tratamento mais prolongado pelos antibióticos"[498]. Pires Tavares tem a noção que a divulgação dos resultados clínicos "tem interesse como contribuição para o estudo da ação e manejo da nova droga"[499].

No decurso de 1945 a Clínica de otorrinolaringologia do Hospital de Santo António dos Capuchos utilizou a penicilina com sucesso no tratamento de diversos casos clínicos[500] o que demonstra que os médicos integraram rapidamente o medicamento no seu arsenal terapêutico. Na reunião do Corpo Clínico de 17 de Maio de 1945 o Dr. Silva Alves descreve um caso de abcesso do cérebro em que a penicilina contribuiu para a cura do doente e na reunião de 8 de Outubro de 1945 são apresentados mais três casos onde a penicilina também foi utilizada com sucesso. A penicilina utilizada para o tratamento destes casos clínicos foi fornecida pela CVP, conforme comprovam os registos que encontramos no seu arquivo[501].

A revista *Amatus Lusitanus* publicou em Março de 1945 na sua rubrica *Trabalhos Originais* o artigo de Augusto Lamas intitulado

---

[498] Ibid.

[499] Ibid.

[500] Reuniões científicas - Hospital St° António dos Capuchos – Clínica oto-rino--laringológica n.º 28 (1945). *Boletim Clínico e de Estatística dos Hospitais Civis de Lisboa*, 6(28), 45-47.

[501] Arquivo da Cruz Vermelha Portuguesa. Cartas dos Hospitais Civis de Lisboa de 19, 23, 24 e 28 de Abril de 1945 – Números de ordem de entrada 8361, 8408, 8449 e 8516. Em *Livro de correspondência recebida*. Lisboa.

"Penicilina intra-arterial"[502]. Os trabalhos de investigação que levaram à publicação deste artigo decorreram em Junho e Julho de 1944, meses antes da importação da penicilina dos EUA através da CVP. No decurso da nossa investigação encontrámos referência da chegada a Portugal da penicilina que, provavelmente, foi utilizada para a realização destes ensaios. A notícia encontra-se publicada no jornal *Diário de Lisboa* na sua edição de 15 de Julho de 1944[503]. A notícia veiculada por este periódico de imprensa diária refere que a penicilina foi oferecida por Inglaterra ao Dr. Augusto Lamas. Através da notícia somos conhecedores que Augusto Lamas foi convidado pelo embaixador de Inglaterra a visitar aquele país. A visita decorreu em Dezembro de 1943, tendo Augusto Lamas visitado fábricas e diversas instituições de saúde. No decurso da sua visita o clínico também visitou a Universidade de Oxford onde contactou com Howard Florey, Ernst Chain e Norman Heatley. Em Oxford demonstrou interesse na obtenção de penicilina para a realização de trabalhos experimentais visando a administração do medicamento por via arterial "método cem por cento português"[504]. A penicilina produzida no Reino Unido destinava-se ao tratamento dos feridos de guerra. Só após "difíceis diligências"[505] do Duque de Palmela, embaixador de Portugal em Londres, foi possível a obtenção de penicilina, oferecida a Augusto Lamas para, em colaboração com Dr. João Maia de Loureiro, realizarem trabalhos de investigação sobre a administração de penicilina por via arterial. De acordo com o *Diário de Lisboa* a penicilina oferecida por Inglaterra chegou a Portugal em Abril de 1944 tendo sido utilizada com sucesso em três casos clínicos. O artigo menciona que a penicilina foi utilizada por

---

[502] Lamas, A. (1945). Penicilina intra-arterial. *Amatus Lusitanus*, 4(3), 165-171.

[503] Veio de Inglaterra a primeira dose de penicilina chegada a Portugal (1944, Julho 15). *Diário de Lisboa*, p. 4. Lisboa.

[504] Ibid.

[505] Ibid.

Augusto Lamas no tratamento de dois casos de osteomielite e um caso de fleimão, informação que coincide com o artigo publicado pelo investigador na revista *Amatus Lusitanus*. A notícia do *Diário de Lisboa* expõe sucintamente as vantagens da administração da penicilina por via arterial referindo a rapidez de atuação e a possibilidade de utilização de doses inferiores às requeridas por outras vias. Termina pondo "em relevo o que de lisonjeiro tem para nós a exceção aberta pela Inglaterra permitindo a única saída da penicilina em benefício dos seus aliados e em homenagem aos médicos portugueses, que assim valorizaram o medicamento através dum processo cem por cento português"[506].

No artigo "Penicilina intra-arterial"[507], publicado na revista *Amatus Lusitanus*, Augusto Lamas descreve a utilização da penicilina, em Junho e Julho de 1944, no tratamento de quatro doentes admitidos no Serviço n.º2 do Hospital de D. Estefânia. De acordo com documentos existentes arquivo da CVP "em 24 de Maio chegou do Brasil uma dose de doze ampolas de 'Penicilina', oferecidas pela Cruz Vermelha Brasileira, que foram entregues ao snr. Dr. Armando Luzes para serem aplicadas ao primeiro doente para quem foi pedido o medicamento"[508]. Conforme podemos constatar houve uma utilização de penicilina no nosso país anterior à de Augusto Lamas contudo não temos conhecimento que deste tratamento tenha resultado qualquer publicação científica. Com base nestes dados, pressupomos que Augusto Lamas foi o primeiro investigador português a utilizar a penicilina e a publicar o resultado dos seus trabalhos. A investigação de Augusto Lamas foi sem dúvida inovadora. O clínico português foi um dos primeiros investigadores a utilizar a via intra-arterial para

---

[506] Ibid.

[507] Lamas. Penicilina intra-arterial, *op. cit.*

[508] Arquivo da Cruz Vermelha Portuguesa. Ata da Sessão Ordinária da Comissão Central da Cruz Vermelha Portuguesa em 12 de Junho de 1944. Em *Livro de atas da Comissão Central da Cruz Vermelha Portuguesa*. Lisboa.

a administração do antibiótico. Em 1944 os investigadores brasileiros, Maurício Gudin e Aloysio Neiva Filho publicam no *Memórias do Instituto Oswaldo Cruz* o artigo "Tratamento da osteomielite por assepsia integral e penicilina intra-arterial. Sutura primitiva e secundária da ferida"[509] onde referem que os seus trabalhos, realizados em Maio de 1944, são os primeiros em que foi utilizada a via intra-arterial para a administração da penicilina. Os estudos de Augusto Lamas foram realizados em Junho e Julho de 1944 o que nos leva a deduzir que o investigador português também foi pioneiro na utilização desta técnica.

Mais tarde, em 1946, Augusto Lamas publicou em colaboração com Alexandre Cancella d'Abreu na revista *Jornal da Sociedade das Ciências Médicas de Lisboa* o artigo "Penicilina por via carotídea"[510]. Neste trabalho os autores utilizaram a via carotídea como uma via inovadora para a administração de penicilina. Os investigadores referem que o recurso a esta via de administração foi influenciado pelo facto da sua "atividade se exercer em um meio médico em que os métodos arteriográficos e arterioterapêuticos (...) atingiram grande desenvolvimento"[511]. Estudos pioneiros iniciados e desenvolvidos por investigadores portugueses sobre a angiografia[512] e arterioterapia contribuíram para o desenvolvimento de novas técnicas de diagnóstico, terapêutica e tratamento cirúrgico de doenças vasculares[513]. O caso clínico descrito por Augusto Lamas e Alexandre Cancella

[509] Gudin, M., & Filho, A. N. (1944). Tratamento da osteomielite por assepsia integral e penicilina intra-arterial. Sutura primitiva e secundária da ferida. *Memórias do Instituto Oswaldo Cruz, 41*(1), 163-166.

[510] D'Abreu & Lamas. Penicilina por via carotídia, *op. cit.*

[511] Ibid.

[512] Cf. Pina, M. E., & Correia, M. (2012). Egas Moniz (1874-1955): cultura e ciência. *História, Ciências, Saúde – Manguinhos, 19*(Abril-Junho), 431-449.

[513] Cf. Gama, A. D. da. (2005). A obra dos pioneiros portugueses da angiografia e cirurgia vascular evocada no Congresso Japonês de Cirurgia. *Revista Portuguesa de Cururgia Cardio-Torácica e Vascular, 12*(2), 69-70.

d'Abreu é referente a uma doente diagnosticada com encefalite que não manifestou melhorias após a administração de penicilina por via intramuscular. Os autores recorreram à via carotídea por esta permitir que o medicamento atingisse concentrações elevadas no cérebro, condição que consideraram necessária para o tratamento. Após a administração, por via carotídea, de quatro doses de 50 000 unidades de penicilina a doente começou a demonstrar sinais de melhoria, após quatro dias (doze injeções, via carotídea, de 50 000 unidades de penicilina) as melhorias eram significativas o que levou os clínicos a interromperem a administração por via carotídea, mantendo o tratamento com penicilina por via intramuscular para evitar recaídas. Os autores referem que a utilização da via carotídea para a administração de medicamentos não constitui uma novidade, no entanto, na pesquisa que efetuaram na bibliografia médica não encontraram qualquer trabalho publicado sobre a utilização desta via para a administração de penicilina, facto que estranham e os leva a comentar que "o emprego deste processo, que permite obter uma concentração mais eficaz da penicilina no cérebro, se impõe como sendo de tal forma lógico, que nos custa a querer que outros clínicos, colocados em presença das circunstâncias e de um problema como os que deparámos, não tenham tido ainda a ideia de tentar idêntica solução"[514]. Na realidade outro clínico português, Guilherme Lopes, já havia utilizado a via carotídea para a administração de penicilina publicando em Outubro de 1944 na revista *A Medicina Contemporânea* o resultado dos seus trabalhos. Embora a descrição dos trabalhos feita por Guilherme Lopes em "A penicilina por via carotidiana"[515] não seja tão completa e pormenorizada como a apresentada por Augusto Lamas e Cancella d'Abreu, os casos clínicos

---

[514] D'Abreu & Lamas. Penicilina por via carotídia, *op. cit.*

[515] Lopes. A penicilina por via carotidiana, *op. cit.*

que tratou e a publicação do resultado do que observou ocorreram quase dois anos antes do caso retratado por estes últimos autores.

Augusto Lamas e Cancella d'Abreu iniciaram o tratamento com penicilina na sua doente a 14 de Maio de 1946 terminando em 14 de Junho do mesmo ano, foram-lhe administradas 9 600 000 unidades de penicilina, das quais 600 000 unidades por via carotídea, os clínicos não interromperam o tratamento com penicilina imediatamente após ausência de sintomas, mantiveram-no durante mais quatro dias para evitar recaídas. As informações transmitidas no artigo são muito completas, os autores explicam pormenorizadamente o tratamento efetuado, referindo as doses utilizadas, a frequência e via de administração, detalhando os motivos que os levaram a utilizar a via carotídea e as vantagens que obtiveram da sua utilização. Este artigo resultou de uma comunicação apresentada a 26 de Novembro de 1946 à Sociedade de Ciências Médicas de Lisboa[516] onde estiveram presentes o Prof. Doutor Egas Moniz e Dr. Almeida Lima que teceram algumas considerações sobre a utilização da via intra-arterial para a administração de medicamentos. Almeida Lima "afirmou constituir a inovação terapêutica apresentada uma contribuição de grande interesse"[517] referindo não ter encontrado descrito na literatura qualquer caso de administração de penicilina por via carotídea, prometendo "empregar o método no largo material que tem ao seu dispor"[518]. Egas Moniz "classificou o caso de extremamente interessante"[519] e apresentou algumas considerações sobre a técnica utilizada. Cancella de Abreu agradeceu os comentários "e

---

[516] Actas da sociedade – Sessão de 26 de Novembro de 1946 (1946). *Jornal da Sociedade das Ciências Médicas de Lisboa, 110*(9), 424-426.

[517] Ibid.

[518] Ibid.

[519] Ibid.

disse da sua concordância com o Sr. Egas Moniz de quem se honra de ter sido discípulo"[520].

A utilização da penicilina no tratamento de doenças venéreas também constituiu um foco de interesse por parte de investigadores nacionais, tendo sido publicados trabalhos de elevado interesse científico sobre esta temática. As doenças venéreas, em especial a sífilis, constituíram durante anos um importante problema de saúde pública[521]. Mahoney e seus colaboradores foram responsáveis pela realização dos primeiros estudos sobre o tratamento desta patologia com penicilina[522]. Os seus trabalhos vieram comprovar a utilidade terapêutica do medicamento nesta doença e constituíram o ponto de partida para o desenvolvimento de estudos subsequentes visando a problemática do tratamento das doenças venéreas[523]. Com a institucionalização da penicilina no tratamento da sífilis houve um acentuado decréscimo da sua prevalência[524], a incidência da doença diminuiu 75% entre 1944 e 1954 e a mortalidade associada caiu 98% entre os finais da década de 40 e 1975[525]. Em Portugal a introdução da penicilina no tratamento das doenças venéreas também contribuiu para a diminuição da sua incidência[526], diversos estudos foram realizados sobre o tratamento das doenças venéreas

---

[520] Ibid.

[521] Cf. Douglas, J. M. (2009). Penicillin Treatment of Syphilis – Clearing Away the Shadow on the Land. *The Journal of the American Medical Association*, *301*(7), 769-771.

[522] Moore et al.. The treatment of early syphilis with penicillin – A preliminary report of 1418 cases, *op. cit.*

[523] Willcox. Treatment of early venereal syphilis with antibiotics, *op. cit.*

[524] Francis. The wages of sin: how the discovery of penicillin reshaped modern sexuality, *op. cit.*

[525] Douglas. Penicillin Treatment Syphilis – Clearing Away the Shadow on the Land, *op. cit.*

[526] Brandão, F. N. (1960). Epidemiology of Venereal Disease in Portugal during the Second World War. *British Journal Of Venereal Diseases*, *36*(2), 136-138.

com penicilina sendo o assunto amplamente retratado na bibliografia médica nacional.

Em Agosto 1945 Eduardo Botelho de Gusmão[527], e João Manuel Bastos[528] publicaram na revista *Imprensa Médica* o artigo "Penicilina e gonorreia"[529] que resultou de um trabalho original apresentado pelos autores no I Congresso Português de Urologia que decorreu em Lisboa entre 5 e 7 de Abril de 1945. Neste trabalho foram estudados cinquenta e seis casos de blenorreia tratados no Hospital do Desterro, no Dispensário da Junta de Província da Estremadura e na clínica particular dos autores. Após uma breve introdução histórica sobre a descoberta da penicilina e os primeiros ensaios realizados em Oxford, os autores mencionam o papel exercido pela II Guerra Mundial no desenvolvimento de estudos sobre a aplicação clínica do medicamento, segundo eles apesar de poucos anos terem decorrido desde a introdução da penicilina na terapêutica e das dificuldades existentes na obtenção do medicamento, o número elevado de casos clínicos que surgiram com o desenrolar do conflito favoreceu a investigação sobre a aplicação clínica da penicilina. Botelho Gusmão e Manuel Bastos referem que apesar do seu estudo não ter a amplitude dos estudos realizados nos Estados Unidos da América e na Grã-Bretanha não quiseram deixar de contribuir com alguns dados "para o estudo da penicilinoterapia na gonorreia (...) focando desde já a esperança (...) na rapidez e intensidade de ação do novo fármaco se não para eliminar, pelo menos para debelar em grande parte uma das doenças venéreas de mais graves consequências sociais"[530]. A penicilina para a re-

---

[527] Eduardo Botelho Gusmão ocupava o cargo de diretor da consulta de urologia do dispensário policlínico.

[528] João Manuel Bastos era diretor do serviço de urologia do Hospital do Desterro.

[529] Bastos, J. M., & Gusmão, E. B. de. (1945). Penicilina e gonorreia. *Imprensa Médica*, *11*(15), 235-237.

[530] Ibid.

alização destes estudos foi cedida pela Embaixada dos EUA, facto que confirmamos com dados recolhidos no arquivo da CVP em Lisboa[531] onde encontrámos várias requisições de penicilina feitas por Eduardo Botelho Gusmão[532] àquela instituição. João Manuel Bastos também figura entre os primeiros clínicos portugueses a ter contacto com a penicilina, no arquivo da CVP encontramos registos de correspondência que entre esta instituição e o clínico em Julho de 1944[533] que confirmam a entrega de cinco ampolas de penicilina a João Manuel Bastos. No trabalho de investigação que resultou na publicação do artigo "Penicilina e gonorreia"[534] os autores dividiram os cinquenta e seis casos que pretendiam estudar em quatro grupos de acordo com o estado de evolução da doença e a existência de tratamentos anteriores com outros fármacos. Em todos os grupos procederam à identificação do agente patogéni-

---

[531] Arquivo da Cruz Vermelha Portuguesa. Questionários/Requerimento de penicilina. Em *Cruz Vermelha Portuguesa – Junta Consultiva de Distribuição de Penicilina em Portugal, Volume I, 1944-1945*. Lisboa.

[532] Processo número 330, refere que o médico requerente é Eduardo Botelho de Gusmão e que o pedido resulta de um Ofício da Embaixada Americana de 6 de Dezembro de 1944. Questionário/requerimento número 487, médico requerente Eduardo Botelho Gusmão, 8 de Dezembro de 1944. No campo "Outros elementos que porventura julgue conveniente indicar" o clínico refere que "Requisita 4 ampolas (quatro) do contingente da Embaixada Americana segundo ofício enviado em 5 de Dezembro de 1944, pelo Sr. J. Ives. Destinam-se a um trabalho de investigação c/o Sr. Prof. Toscano Rico". Questionário/requerimento número 1157, médico requerente Eduardo Botelho Gusmão, 24 de Janeiro de 1945. Sendo referido que "Questionário n.º1157, acompanhado dos seguintes documentos: Por conta do contingente da Embaixada". Neste caso o clínico refere "História da doença atual: Bleno desde há 10 anos que tem tratado sempre c/ venereologistas, mas que não curou". Questionário/requerimento número 1156, médico requerente Eduardo Botelho Gusmão, 19 de Janeiro de 1945. Questionário/requerimento número 1979, médico requerente Eduardo Botelho Gusmão, 28 de Março de 1945. Questionário/ requerimento número 1161, médico requerente Eduardo Botelho Gusmão, 14 de Abril de 1945. Documentos localizados no Arquivo da Cruz Vermelha Portuguesa, in: *Cruz Vermelha Portuguesa – Junta Consultiva de Distribuição da Penicilina em Portugal – Volume I, 1944-1945*, (Lisboa).

[533] Arquivo da Cruz Vermelha Portuguesa. Carta enviada a João Manuel Bastos em 20 de Julho de 1944 número de ordem 3685. Em *Livro de correspondência expedida, Volume VIII*. Lisboa.

[534] Bastos & Gusmão. Penicilina e gonorreia, *op. cit.*

co antes do início do tratamento e após a conclusão deste. Com o objetivo de confirmar a cura também foram realizados exames complementares uma semana e quatro semanas depois de terminado o tratamento e os doentes foram recomendados a regressar para novas análises após noventa dias. As doses e a frequência de administração foram diferentes em cada um dos grupos estudados.

Dos cinquenta e seis casos estudados, oitenta e quatro por cento curaram-se, quarenta e sete casos, dos nove casos que resistiram ao tratamento seis foram estudados pormenorizadamente pelos autores que concluíram que a falha no tratamento se deveu à existência de uma estirpe de gonococo resistente à penicilina podendo esta resistência ser devida à coexistência de outra patologia urinária ou urogenital.

Um dos casos de resistência estudado pelos autores foi referente a um casal em que o marido, enfermeiro de 36 anos[535], padecia da enfermidade há dez, ambos foram tratados com penicilina sem que se tivesse obtido cura clínica. Este caso levou os autores a sugerir a existência de uma estirpe de gonococo penicilino-resistente.

Botelho Gusmão e Manuel Bastos não observaram quaisquer reações adversas graves da administração de penicilina e do estudo realizado puderam concluir que "a cura da gonorreia pela penicilina

---

[535] Encontrámos no Arquivo da Cruz Vermelha em Lisboa, o que julgamos ser, a requisição feita por Eduardo Botelho de Gusmão para o tratamento deste caso. O questionário/requerimento número 1157, feita por Eduardo Botelho de Gusmão, 24 de Janeiro de 1945 refere o doente, JGM, a sua idade, 36 anos, profissão, enfermeiro chefe dos Hospitais Civis e estado civil, casado. Na "História da doença atual: Bleno desde há 10 anos que tem tratado sempre c/ venereologistas, mas que não curou. Mantem periodicamente exsudação positiva para gonococo, assim como espermoculturas sempre positivas. Tem feito sulfamidoterapia em doses de shock e prolongadas, vacinoterapia, dilatações (?), agentes físicos etc. Inclusivamente já fez 300 000 unidades de penicilina. Mantem gonococo". As semelhanças encontradas com o caso descrito por Botelho Gusmão e Manuel Bastos em "Penicilina e gonorreia" são muitas o que nos leva a assumir que se trata do mesmo doente. Documento localizado no Arquivo da Cruz Vermelha Portuguesa, in: *Cruz Vermelha Portuguesa – Junta Consultiva de Distribuição da Penicilina em Portugal – Volume I, 1944-1945*, (Lisboa).

depende mais da ação prolongada de uma dose suficiente do que da maior concentração da droga administrada num curto prazo"[536] e que "a penicilina, desde que a sua aquisição seja menos dispendiosa e de mais fácil acesso e administração, constituirá um meio ideal para o controlo da blenorreia em Portugal"[537].

A dificuldade na obtenção de penicilina também não impediu Armindo Morais de realizar e publicar no *Jornal do Médico* dois trabalhos sobre o tratamento da sífilis com penicilina. No primeiro destes trabalhos, "Tratamento da sífilis primária pela penicilina"[538] o urologista aborda as vantagens que têm sido encontradas com a utilização da penicilina no tratamento da sífilis e as esperanças depostas no medicamento para a cura da doença. Armindo Morais expõe as dificuldades com que se deparou na obtenção de penicilina, tendo interrompido duas vezes o tratamento por falta do medicamento. A penicilina foi fornecida pela CVP. O caso descrito pelo autor refere-se ao tratamento de gémeos do sexo masculino com sete anos de idade, ambos infetados com sífilis em fase primária. Foram tratados durante dezanove dias com injeções intramusculares de penicilina, após oito dias de tratamento os doentes já não apresentavam manifestações clínicas da doença e no final dos dezanove dias e as reações serológicas eram fracamente positivas. A evolução clinica destes doentes em comparação com outros tratados por meios convencionais leva o autor a concluir "que a penicilina, num futuro próximo, deve ser o mais poderoso medicamento específico da sífilis"[539]. No trabalho seguinte apresentado por Armindo Morais "Um novo método de administração

---

[536] Bastos & Gusmão. Penicilina e gonorreia, op. cit.

[537] Ibid.

[538] Morais, A. (1945a). Tratamento da sífilis primária pela penicilina. *Jornal do Médico*, 6(129), 223-224.

[539] Ibid.

de penicilina no tratamento da sífilis primária"[540] o autor descreve a administração de penicilina por injeção nos corpos cavernosos para o tratamento das lesões do pénis provocadas pela doença. Segundo o urologista a ideia da utilização da injeção nos corpos cavernosos como via de administração da penicilina surgiu a partir do sucesso obtido com a utilização do método na anestesia total do pénis por injeção com novocaína. Armindo Morais comenta que a utilização desta via de administração para a penicilina, sobre o qual "nenhum livro ou revista faz qualquer referência"[541], revelou resultados promissores mas que a escassez do medicamento o impediu de apresentar dados estatísticos.

Outro trabalho de elevado interesse científico na área do tratamento das doenças venéreas foi o estudo realizado por Diogo Furtado e seus colaboradores que resultou na publicação, em 1945, na revista *Jornal do Médico* do artigo "Contribuição para o estudo do tratamento do tabes com penicilina"[542]. Na opinião dos autores "no decurso dos últimos anos a quimioterapia das infeções bacterianas sofreu uma verdadeira revolução com o advento das sulfamidas e da penicilina"[543], segundo estes as sulfamidas desempenharam um importante papel no desenvolvimento da terapia antimicrobiana mas a sua elevada toxicidade e o aparecimento de fenómenos de resistência bacteriana condicionaram a sua utilização. Na opinião dos autores, o surgimento da penicilina com a sua quase ausência de toxicidade aliada a um forte ação antibacteriana tornaram-na no medicamento de primeira indicação no tratamento de infeções bacterianas. O artigo faz uma breve descrição da descoberta da

---

[540] Morais, A. (1945b). Um novo método de administração de penicilina no tratamento da sífilis primária. *Jornal do Médico*, 6(129), 220-223.

[541] Ibid.

[542] Furtado, D., Rodrigues, M., & Machado, D. (1945a). Contribuição para o estudo do tratamento do tabes com penicilina. *Jornal do Médico*, 6(135), 411-420.

[543] Ibid.

penicilina por Alexander Fleming em 1928, sendo feita referência às dificuldades encontradas pelo investigador na extração e concentração do medicamento, Diogo Furtado e seus colaboradores mencionam que apesar de Fleming ter utilizado a penicilina com sucesso em trabalhos laboratoriais não realizou qualquer estudo sobre a sua aplicabilidade terapêutica. Em seguida descrevem o papel da equipa de investigadores da Universidade de Oxford na extração do medicamento e na constatação das suas propriedades físico-químicas bem como a sua capacidade de tratar diversas infeções bacterianas. Um ponto que julgamos de interesse nesta nota introdutória é a definição de antibiótico por parte dos autores. Na época o termo não era muito aplicado e estes sentiram necessidade de clarificar os leitores quanto ao seu significado. É referida a industrialização da produção de penicilina nos EUA e em Inglaterra como consequência dos resultados obtidos pelos investigadores de Oxford. Relativamente à utilização de penicilina no tratamento da sífilis os autores apresentam os resultados dos trabalhos de Mahoney e seus colaboradores, referindo a posologia empregue e o tempo de tratamento utilizado bem como a relação direta encontrada entre o aparecimento de recidivas e as doses administradas. Diogo Furtado e colaboradores descrevem depois os oito casos de sífilis tratados com penicilina no Hospital de Santo António dos Capuchos e em clínica particular. No arquivo da CVP em Lisboa encontramos a requisição de penicilina, que julgamos ser referente ao tratamento de um dos casos descritos[544], o caso número quatro[545]. A descrição dos casos

---

[544] Arquivo da Cruz Vermelha Portuguesa. Questionários/Requerimento de penicilina, *op. cit.*

[545] Processo individual número 1730, proveniente da Liga dos Combatentes da grande Guerra, despachado em 1 de Junho de 1945, com o questionário/requerimento número 2780, o médico requerente é Vasco de Sousa Chichorro, o doente J.J. de 47 anos de idade, militar. "História da doença atual: Tabes c/ nevrite ótica bilateral e cegueira progressiva e quasi total". Acompanha esta requisição uma carta da Liga dos Combatentes da Grande Guerra, explicando a situação clínica e económica do doente e solicitando à CVP a cedência da quantidade de penicilina

clínicos apresentados pelos autores é muito pormenorizada, estes retratam a história da doença, as observações feitas pelos clínicos, os resultados do exame neurológico, passando depois a detalhar os dados do tratamento. Nestes são especificadas as doses, via e frequência de administração, os dados clínicos e sorológicos e são apresentados gráficos e tabelas que fundamentam estes resultados. Os autores referem que em alguns dos casos clínicos retratados, caso dois, quatro e seis, tiveram que interromper o tratamento por dificuldades de obtenção do medicamento. Do estudo efetuado os autores são de opinião que o número de casos observado é insuficiente para serem retiradas conclusões definitivas sobre o valor da penicilina no tratamento da tabes, no entanto, os resultados alcançados permitem-lhes afirmar que "a penicilina parece-nos constituir uma nova arma a ensaiar sistematicamente no tratamento, habitualmente tão desanimador, da tabes dorsal"[546].

O artigo de Moysés Ruah "Resultados do tratamento da gonorreia aguda no homem pela associação penicilina-sulfamida - Sobre os primeiros 100 casos consecutivos"[547] publicado na revista *Clínica Contemporânea* também aborda a problemática do tratamento das

necessária ao seu tratamento e três notas provenientes consulta externa de doenças nervosas e mentais - Prof. Doutor Diogo Furtado - do Hospital de Santo António dos Capuchos. A primeira destas notas tem o seguinte conteúdo: "Declaro que o doente J.J., inscrito nesta consulta com o n.º 7381 sofre de uma Tabes com nevrite ótica, sendo parecer meu, confirmado pelo Sr. Prof. Doutor Diogo Furtado que estaria indicado fazer penicilinoterapia na dosagem total de 1 000 000 U, tal como já tem sido ensaiado em outros doentes deste serviço". A nota é de 14 de Maio de 1945 e está assinada por Sousa Chichorro. As restantes notas que acompanham o processo também estão assinadas por Sousa Chichorro e pretendem requisitar mais penicilina para continuar o tratamento do doente J.J. Estas notas são de 20 e 26 de Junho de 1945. Documentos localizados no Arquivo da Cruz Vermelha Portuguesa, in: *Cruz Vermelha Portuguesa – Junta Consultiva de Distribuição da Penicilina em Portugal – Volume I, 1944-1945*, (Lisboa).

[546] Furtado, D., Rodrigues, M., & Machado, D. (1945b). Contribuição para o estudo do tratamento do tabes com penicilina. *Jornal do Médico*, 6(136), 446-451.

[547] Ruah, M. (1946). Resultados do tratamento da gnorreia aguda no homem pela associação penicilina-sulfamida - Sobre os primeiros 100 casos consecutivos. *Clínica Contemporânea*, 1(8), 477-478.

doenças venéreas. Este artigo resultou de uma comunicação efetuada no V Congresso Hispano-Português de Urologia, realizado em Madrid em Junho de 1946. O estudo foi conduzido no Serviço de Urologia do Hospital do Desterro, cujo diretor era o Dr. João M. Bastos. O autor faz uma breve introdução sobre a descoberta da penicilina referindo que "a introdução da penicilina na terapêutica foi o maior passo até hoje dado no desenvolvimento da quimioterapia, pois de todos os antibióticos conhecidos é ela a substância mais altamente antibacteriana e com mais baixa toxicidade"[548]. Moysés Ruah menciona que nos primeiros casos estudados as doses de penicilina administradas nunca excederam as 100 000 unidades por dificuldade de obtenção do medicamento o que, na sua opinião, condicionou o resultado do tratamento. Baseado em dados de autores norte americanos, Moysés Ruah aumentou a dose total de penicilina para 200 000 unidades fracionadas em doses de 50 000 unidades administradas, por via intramuscular, em intervalos de quatro horas associadas a 2 gramas de sulfamidas (cibazol). Através deste esquema de tratamento o autor registou 99% de curas, no caso de insucesso a dose de penicilina foi aumentada para 400 000 unidades sem que houvesse modificação do resultado o que o levou a concluir que se tratava de um caso de resistência ao medicamento. O autor termina com uma tabela onde expõe o método de tratamento utilizado, o número de doentes em que a penicilina foi empregue, o número de curas obtido e os resultados expressos em valores percentuais.

A revista *Portugal Médico* publicou, em 1946, o artigo "Notas sobre o tratamento da blenorreia"[549] da autoria de Conceição e Silva Júnior onde o urologista apresentou o resultado de vinte e oito casos de blenorreia tratados com penicilina. No artigo o autor

---

[548] Ibid.

[549] Júnior, C. e S. (1946). Notas sobre o tratamento da blenorreia. *Portugal Médico*, *30*(4), 139-147.

aborda os diversos tratamentos utilizados para a blenorreia antes da descoberta da penicilina referindo o desânimo existente entre os clínicos perante a sua ineficácia. Com a descoberta das sulfamidas e a sua introdução no tratamento da patologia esta situação inverteu-se, pela primeira vez surgiu um medicamento com aparente eficácia no tratamento da doença mas a ocorrência de reações adversas e de estirpes resistentes contribuiu para o insucesso de muitos tratamentos. A descoberta da penicilina inicia, para o urologista, o "ciclo de diamante"[550] no tratamento da blenorreia. O autor descreve o resultado do tratamento com penicilina de vinte e oito casos clínicos, mencionando a dose, via e frequência de administração bem como a dose total utilizada, obteve cura em 75% dos doentes tratados sendo esta confirmada por resultados laboratoriais. Dos 25% de casos em que a cura não foi confirmada, três resultaram da não comparência dos doentes na consulta após o desaparecimento dos sintomas clínicos, três em que o tratamento com penicilina foi interrompido por motivos económicos e um que se ausentou antes de terminar o tratamento. Para Conceição e Silva Júnior a penicilina permitiu reduzir o tempo de tratamento da blenorreia contribuindo para a diminuição da sua propagação e eventualmente "há-de conseguir-se a extinção, tão real quanto possível da blenorreia, ou pelo menos grande facilidade de redução do número alto (...) para um número tão baixo que se torne quase esquecida em duas gerações"[551].

Em 1946 Juvenal Esteves publicou na revista *Clínica Contemporânea* o artigo "O tratamento da sífilis pela penicilina"[552] que resultou de um trabalho realizado no Serviço de Doenças Infectocontagiosas do Hospital do Rêgo. Este serviço encontrava-se sob a direção do Prof.

---

[550] Ibid.

[551] Ibid.

[552] Esteves, J. (1946a). O tratamento da sífilis pela penicilina. *Clínica Contemporânea*, *1*(1), 36-45.

Doutor Fernando da Fonseca e constituía o centro para o estudo das doenças infeciosas do Instituto para a Alta Cultura. Neste artigo o autor além de fazer um importante trabalho de revisão sobre o tratamento da sífilis com penicilina também apresenta alguns casos clínicos tratados no seu serviço com o medicamento. Este artigo também foi publicado na revista *Portugal Médico* na sua rubrica *Revista Geral* com o mesmo título "O tratamento da sífilis pela penicilina"[553], contudo nesta publicação não foram incluídos os resultados nem a descrição dos casos clínicos tratados pelo autor. No artigo publicado na *Clínica Contemporânea* Juvenal Esteves refere que "a descoberta da penicilina forneceu aos clínicos mais um importante meio para o tratamento da sífilis"[554] indicando que os trabalhos efetuados por Mahoney e seus colaboradores sobre o tratamento da doença constituíram a base e o incentivo para investigações subsequentes. O autor descreve o apoio concedido pelo governo dos EUA na organização de centros de investigação destinados a estudar as particularidades da doença e do seu tratamento, referindo que a quase ausência de toxicidade da penicilina contribuiu para o rápido avanço dos trabalhos. Um dos principais objetivos destes centros de investigação fora estabelecer esquemas de tratamento para a sífilis com penicilina. Neles pretendia-se apurar a dose, frequência e via de administração mais eficaz, o tempo ideal de tratamento e as doses totais que deveriam ser empregues. Juvenal Esteves apresenta detalhadamente estudos conduzidos por diversos autores na determinação da dose mínima eficaz de penicilina para o tratamento da sífilis assim como as vias de administração que mais vantagens oferecem. São discriminados os esquemas de tratamento utilizados na sífilis recente, congénita e tardia bem como os procedimentos

---

[553] Esteves, J. (1946b). O tratamento da sífilis pela penicilina. *Portugal Médico*, *30*(5), 212-225.

[554] Esteves. O tratamento da sífilis pela penicilina, *op. cit.*

que devem ser tidos em caso de recidivas, refere que as reações adversas descritas são de pouca gravidade e que não inviabilizam a continuação dos tratamentos. Juvenal Esteves é da opinião que apesar do estudo da ação da penicilina no tratamento da sífilis ainda se encontrar numa fase experimental, a investigação organizada e conduzida pelo Penicillin Panel nos EUA em muito tem contribuído para os avanços no conhecimento da ação do medicamento nesta patologia. São depois apresentados os resultados de seis casos clínicos acompanhados pelo autor. Os casos foram escolhidos de modo a demonstrar a ação da penicilina no tratamento de diversas formas de sífilis, são descritos dois casos de sífilis recente, um caso de sífilis tardia, um de neuro-sífilis e dois casos de sífilis congénita. Juvenal Esteves menciona que "comum a todos é a notável modificação do estado geral (...) e ausência de ações acessórias"[555], mas considera que o preço do medicamento e a necessidade de administrações frequentes restringem a sua utilização. O autor crê que apesar das limitações ainda existentes a penicilina iniciou "uma nova e prometedora era num dos aspetos mais importantes da terapêutica e da clínica - o tratamento da sífilis"[556].

Em Outubro de 1945 Luís de Sá Penella proferiu na sessão inaugural do novo triénio da Sociedade de Dermatologia e Venereologia a conferência "Os progressos da sifiliterapia"[557] que foi publicada na revista *Imprensa Médica* na sua rubrica *Trabalhos Originais*. Este trabalho de revisão expõe os diversos métodos de tratamento utilizados na sífilis desde a sua expansão na Idade Média. O autor descreve a penicilina como "uma nova substância que em pouco tempo avassalou a terapêutica com as suas vastas possibilidades de

---

[555] Ibid.

[556] Ibid.

[557] Penella, L. de S. (1945). Os progressos da sifiliterapia. *Imprensa Médica*, *11*(20), 303-314.

aplicação"[558], e expõe alguns factos históricos relacionados com a sua descoberta e alguns fatores que contribuíram para o desenvolvimento da sua produção. Apresenta resumidamente as características farmacodinâmicas e farmacocinéticas da penicilina, refere a baixa toxicidade do medicamento e as principais vias de administração do fármaco. Depois de abordar brevemente as características gerais da penicilina Sá Penella pormenoriza a aplicação do medicamento no tratamento da sífilis. Refere os esquemas terapêuticos recomendados para a sífilis recente e para a sífilis tardia, reportando-se aos trabalhos realizados por investigadores norte americanos e pelos clínicos portugueses Diogo Furtado, Miranda Rodrigues e Domingos Machado. Perante os dados expostos, o autor, apresenta uma visão muito otimista sobre a utilização da penicilina no tratamento de todas as formas de sífilis, ressalvando, no entanto, que existem ainda muitas lacunas por preencher nos conhecimentos existentes sobre o fármaco. Relativamente ao tratamento da sífilis, Sá Penella considera que será necessário um período de tempo mais prolongado para assegurar que os resultados clínicos observados sejam permanentes.

Em anos subsequentes foram publicados diversos trabalhos sobre a utilização da penicilina no tratamento da sífilis. Em 1948 A. Ramos Chaves publicou na revista *Gazeta Médica Portuguesa,* na rubrica *Notas para o médico prático,* o artigo "A penicilina no tratamento da sífilis"[559] onde apresenta os aspetos da terapêutica antissifilítica com penicilina com maior relevância na prática clínica. No mesmo ano Aureliano da Fonseca[560] publicou na revista *Jornal do Médico*

---

[558] Ibid.

[559] Chaves, A. R. (1948). A penicilina no tratamento da sífilis. *Gazeta Médica Portuguesa, I*(3), 699-706.

[560] Diretor da Clínica de Dermatologia do Hospital Militar e de Dermato--Venereologia do dispensário de Higiene Social do Porto

o artigo "Normas gerais para o tratamento da sífilis"[561] onde expõe os diversos tratamentos existentes para a sífilis, descrevendo em cada um deles as ações exercidas, as doses e tempos de tratamento recomendados, os efeitos adversos e as vantagens e inconvenientes que apresentam. Descreve os esquemas terapêuticos recomendados nas diferentes fases e formas da sífilis exibindo diversas tabelas para simplificar os dados transmitidos. Reserva um capítulo dedicado ao tratamento da sífilis pela penicilina, onde expõe as vantagens da utilização do medicamento na terapêutica antissifilítica, salvaguardando alguns problemas relacionados com o seu uso indiscriminado, como a problemática da resistência bacteriana. Este trabalho resultou de uma "conferência proferida no Curso de Repetição e Atualização de Conhecimentos Médicos, organizado pela Faculdade de Medicina por iniciativa e em colaboração com o Conselho Regional do Porto da Ordem dos Médicos"[562] em 1947.

No X Curso de Férias da Faculdade de Medicina da Universidade de Coimbra realizado em Julho de 1947 foi apresentada a lição "Aquisições recentes em urologia" proferida por L. de Morais Zamith, médico nos Hospitais da Universidade de Coimbra. O conteúdo desta lição foi publicado na revista *Coimbra Médica* no mesmo ano. Em "Aquisições recentes em urologia"[563] Morais Zamith refere alguns fatores que contribuíram para o desenvolvimento da especialidade. Menciona que trabalhos de investigação na área da anatomia e patologia forneceram dados importantes para o avanço dos conhecimentos. Refere que técnicas de diagnóstico, como a aortografia desenvolvida por Reynaldo dos Santos, se tornaram imprescindíveis na deteção de patologias do foro urológico, que o aperfeiçoamento

---

[561] Fonseca, A. da. (1948). Normas gerais para o tratamento da sífilis. *Jornal do Médico, 11*(264), 145-154.

[562] Ibid.

[563] Zamith, L. de M. (1947). Aquisições recentes da urologia. *Coimbra Médica, 14*(7), 361-379.

de técnicas cirúrgicas permitiu a realização de intervenções mais ousadas e que o surgimento de novos medicamentos, como a penicilina, permitiram combater eficazmente as infeções características da especialidade. No capítulo que dedicou à utilidade da penicilina em urologia, Morais Zamith expressa a opinião que o insucesso da terapêutica com o fármaco está associado ao seu uso indiscriminado e que para uma boa orientação terapêutica é necessário identificar a sensibilidade do agente infetante ao medicamento e assegurar que não existem outros fatores que possam interferir no tratamento. O autor resume as etapas que, na sua opinião, o clínico deve seguir para garantir o sucesso de um tratamento com penicilina. Nesta comunicação o autor também aborda a utilização da estreptomicina em urologia, novos tratamentos para o cancro da próstata e as indicações operatórias para a hipertrofia benigna da próstata.

Como podemos constatar pelos trabalhos apresentados a utilização da penicilina em urologia e especialmente no tratamento das doenças venéreas foi assunto amplamente retratado por investigadores portugueses. Com o surgimento da penicilina houve desde muito cedo um elevado interesse por parte dos clínicos nacionais em utilizar o medicamento no tratamento destas patologias. Com a publicação dos resultados das suas pesquisas os seus trabalhos contribuíram para o enriquecimento dos conhecimentos existentes e comprovarem os resultados obtidos no estrangeiro. Verificamos que as dificuldades na obtenção de penicilina não impediram que clínicos portugueses como Diogo Furtado, Eduardo Botelho de Gusmão e João Manuel Bastos realizassem importantes trabalhos de investigação e dessem o seu contributo para o avanço dos conhecimentos sobre a utilização do medicamento nesta área. Os trabalhos de revisão de Sá Penella e Aureliano da Fonseca também demonstram a preocupação da classe médica na atualização de conhecimentos e na divulgação dos mesmos.

Outra área de estudo que desde o início da introdução da penicilina em Portugal incitou o interesse dos investigadores nacionais foi a utilização do medicamento no tratamento da endocardite bacteriana. Antes do surgimento da penicilina a endocardite bacteriana era uma doença com elevado índice de mortalidade que afetava maioritariamente a população jovem[564]. Estudos iniciais sobre a ação da penicilina no tratamento de diversas patologias realizados nos EUA pelo Committee on Medical Research consideraram o medicamento ineficaz no tratamento da endocardite bacteriana subaguda[565]. Com base nestes resultados e nas restrições impostas pelas reduzidas quantidades de penicilina existentes a comissão nomeada pelo National Research Council desaconselhou a utilização do medicamento no tratamento desta patologia[566]. Apesar deste desencorajamento alguns investigadores persistiram com os seus trabalhos. Leo Loewe e seus colaboradores conseguiram com a colaboração da Charles Pfizer Company obter penicilina para tratar, com sucesso, sete casos clínicos de endocardite bacteriana subaguda. O resultado das suas observações foi publicado em Janeiro de 1944 no *The Journal of the American Medical Association*[567]. Mais tarde Martin Henry Dawson e Thomas H. Hunter[568] nos EUA e Robert Cruickshank e A. Dolphin[569] no Reino Unido realizaram trabalhos que comprovaram o valor da penicilina no tratamento endocardite bacteriana. Em Portugal apesar das dificuldades existentes na obtenção de penicilina investigadores

---

[564] Gray, I. R. (1987). Infective endocarditis 1937-1987. *British Heart Journal*, 57, 211-213.

[565] Richards. Penicillin - Statement released by the Committee on Medical Research, *op. cit.*

[566] Loewe, L., Rosenblatt, P., Greene, H. J., & Russell, M. (1944). Combined penicillin and heparin therapy of subacute bacterial endocarditis - Report of seven consecutive successfully treated patients. *The Journal of the American Medical Association*, 124(3), 144-149.

[567] Ibid.

[568] Dawson, M. H., & Hunter, T. H. (1945). The treatment of subacute bacterial endocarditis with penicillin. *The Journal of the American Medical Association*, 127(3), 129–137.

[569] Cruickshank, R., & Dolphin, A. (1945). Penicillin therapy in acute bacterial endocarditis. *British Medical Journal*, 1(4408), 897–901.

nacionais como Leopoldo Figueiredo, H. Paula Nogueira e Edmundo Lima Basto não deixaram de contribuir para o estudo da ação do medicamento na terapêutica desta patologia.

Em 1946 Leopoldo Figueiredo e Arsénio Nunes publicaram na revista *Clínica Contemporânea* o artigo "Tratamento com penicilina num caso de endocardite lenta"[570]. Este trabalho resultou da observação de um caso clínico tratado pelos autores no Centro de Estudos de Doenças Infeciosas do Instituto para a Alta Cultura localizado no serviço número 2 do Hospital do Rêgo, cujo diretor era o Prof. Doutor Fernando da Fonseca. No artigo os autores fazem uma revisão dos trabalhos publicados da literatura estrangeira, mencionando que os primeiros estudos sobre a utilização da penicilina no tratamento da endocardite bacteriana não foram animadores mas que trabalhos posteriores revelaram o valor do medicamento no tratamento desta patologia. O caso observado, pelos investigadores, deu entrada a 3 de Outubro de 1944, tendo iniciado imediatamente após a confirmação do diagnóstico o tratamento com sulfamidas; como não se observaram melhorias na doente os clínicos iniciaram, a 14 de Novembro, a administração de penicilina[571]. Por dificuldades na obtenção do medicamento o tratamento teve que ser interrompido em 23 de Novembro, apesar de se observarem algumas melhorias. Após a interrupção do tratamento, a doente voltou a piorar e a 20 de Julho de 1945 os clínicos iniciaram novamente a administração do medica-

---

[570] Figueiredo, L., & Nunes, A. (1946). Tratamento com penicilina num caso de endocardite lenta. *Clínica Contemporânea*, *1*(2), 89–96.

[571] No arquivo da Cruz Vermelha Portuguesa encontrámos o registo de um pedido de penicilina efetuado por Leopoldo de Figueiredo (processo individual número 1161 com o questionário/requerimento número 2017). O processo encontra-se incompleto não nos sendo possível apurar a data em que foi feita a requisição nem a patologia do doente, no entanto cremos que não se trata do doente mencionado neste caso clínico visto que este doente é do sexo feminino e o doente cuja requisição encontrámos na CVP é do sexo masculino. Documento localizado no Arquivo da Cruz Vermelha Portuguesa, in: *Cruz Vermelha Portuguesa – Junta Consultiva de Distribuição da Penicilina em Portugal – Volume I, 1944-1945*, (Lisboa).

mento. Embora a doente tivesse demonstrado melhorias significativas após trinta dias de tratamento viria a falecer a 7 de Outubro devido a insuficiência cardíaca. Da observação deste caso os autores concluíram sobre a importância de um diagnóstico atempado da doença, da determinação da sensibilidade do agente à penicilina e da implementação da terapêutica com este medicamento em doses suficientemente elevadas e por um período de tempo tal que impeçam o aparecimento de resistências bacterianas e o consequente insucesso do tratamento.

Também em 1946 H. Paula Nogueira publicou na revista *Clínica Contemporânea* o artigo "Resultados do tratamento pela penicilina nalguns casos de endocardite bacteriana subaguda"[572] que resultou da observação de nove casos clínicos tratados na segunda clínica médica do Hospital Escolar de Stª Marta cujo diretor era o Prof. Doutor. Pulido Valente. Na revisão da bibliografia, o autor retrata somente os trabalhos mais recentes que foram publicados sobre a temática pois refere que Leopoldo Figueiredo, em artigo publicado num número anterior da revista, apresentou um resumo alargado dos estudos existentes sobre o tratamento desta patologia com penicilina. Em nota de rodapé Paula Nogueira pede a colaboração dos colegas na angariação de casos de endocardite bacteriana subaguda que surjam nos seus serviços. O autor passa depois a descrever os elementos clínicos que considera essenciais nos nove casos de endocardite bacteriana que observara. No primeiro caso apresentado por Paula Nogueira encontrámos uma discrepância nas datas relativamente aos dados de que dispomos e da informação que possuímos sobre a chegada da penicilina a Portugal. Neste caso o autor refere que a primeira série de tratamentos com penicilina foi efetuada entre 5 e 17 de Agosto de 1944, tendo sido administradas 15 000 unidades do medicamento de três em três horas o que perfaz um total de 1 440 000 unidades

---

[572] Nogueira, H. P. (1946). Resultados do tratamento pela penicilina nalguns casos de endocardite bacteriana sub-aguda. *Clínica Contemporânea*, 1(4), 213-223.

de penicilina aplicadas durante os doze dias de tratamento. Segundo é do nosso conhecimento a importação regular de penicilina para o nosso país só teve início em Setembro de 1944[573], as quantidades disponíveis para distribuição eram escassas e o preço de cada ampola de 100 000 unidades do medicamento era bastante elevado[574], para um tratamento com 1 440 000 unidades de penicilina seriam necessárias quinze ampolas de 100 000 unidades o que importaria um custo de 3 450$00, um valor exorbitante para a maioria dos doentes. Dos nove casos apresentados pelo autor seis sobreviveram, o que equivale a 66,7%, um prognóstico muito positivo para uma doença que era quase sempre fatal antes do surgimento da penicilina[575].

O tema da endocardite bacteriana subaguda continuou a ser investigado por Henrique Paula Nogueira. Em 1950 o clínico publicou na revista *Arquivos do Instituto Bacteriológico Câmara Pestana* a sua tese de doutoramento à Faculdade de Medicina de Lisboa. No trabalho "Endocardite bacteriana subaguda"[576] Paula Nogueira estuda, entre outros, o contributo da penicilina na evolução das lesões provocadas pela endocardite bacteriana, concluindo que o medicamento melhora significativamente o prognóstico da doença. Na elaboração da sua tese o autor consultou os trabalhos publicados por Luís da Silva Carvalho e Pimentel Barata sobre a penicilina.

Clínicos de outras especialidades médicas também abordaram a utilização do medicamento nas suas áreas. Cavaleiro de Ferreira e Matos Sousa publicaram, em 1946, no *Boletim da Sociedade*

---

573 Arquivo da Cruz Vermelha Portuguesa. Carta enviada à Direcção Geral das Alfandegas em 11 de Setembro 1944, número de ordem 4406. Em *Livro de correspondência expedida, Volume IX.* Lisboa.

574 Arquivo da Cruz Vermelha Portuguesa. Comunicações à Comissão Central da Cruz Vermelha Portuguesa apresentadas na sessão de 18 de Outubro de 1944. Em *Livro de atas da Comissão Central da Cruz Vermelha Portuguesa.* Lisboa.

575 Gray. Infective endocarditis 1937-1987, *op. cit.*

576 Nogueira, H. P. (1950). Endocardite bacteriana subaguda. *Arquivos do Instituto Bacteriológico Câmara Pestana*, *10*(1), 1-137.

Portuguesa de Oftalmologia o artigo "O que vale a penicilinoterapia em oftalmologia?"[577] onde abordam a problemática da utilização da penicilina em oftalmologia. Os autores referem que inicialmente a terapêutica com penicilina era encarada como o tratamento de eleição em todos os problemas infeciosos mas o surgimento de alguns casos de insucesso levaram diversos clínicos a encará-la com um certo ceticismo. Os autores esclarecem sobre alguns fatores que consideram contribuir para o sucesso da terapêutica com penicilina em oftalmologia e algumas razões pelas quais a utilização do medicamento na especialidade não gera resultados positivos. São apresentados os resultados de diversos casos clínicos que foram tratados com penicilina e acompanhados pelos autores[578].

Na área da psiquiatria a utilização de penicilina também foi abordada. Rui Clímaco em "Revisão clínica das psicoses infeciosas e pós infeciosas"[579] publicado em 1946 na revista *A Medicina Contemporânea* refere a administração de penicilina, com sucesso, num caso de confusão mental alucinogénica provocado por uma septicémia estafilocócica. O doente foi internado na Clínica Psiquiátrica da Faculdade de Medicina de Coimbra em Novembro de 1944. O autor descreve pormenorizadamente a história clínica do doente, os exames efetuados, a terapêutica instituída e a evolução

[577] Ferreira, C. de, & Sousa, M. (1946). O que vale a penicilinoterapia em oftalmologia? *Boletim da Sociedade Portuguesa de Oftalmologia*, 5, 230-239.

[578] Os casos clínicos descritos foram tratados no Instituto Oftalmológico Dr. Gama Pinto, na Clínica Oftalmológica da Universidade de Strasbourg (onde Cavaleiro de Ferreira era bolseiro) e no Serviço de Oftalmologia do Hospital de Santo António dos Capuchos. No Arquivo da Cruz Vermelha Portuguesa encontrámos registo de penicilina requisitada pelo Instituto Oftalmológico Dr. Gama Pinto em Novembro de 1944 – Carta do Instituto Oftalmológico Dr. Gama Pinto de 03 de Novembro de 1944 – Número de ordem de entrada 4868. In: *Livro de correspondência recebida*. Lisboa, 1944 e Carta do Instituto Oftalmológico Dr. Gama Pinto de 07 de Novembro de 1944 – Número de ordem de entrada 4893. In: *Livro de correspondência recebida*. Lisboa, 1944.

[579] Clímaco, R. (1946). Revisão clínica das psicoses infecciosas e pós infecciosas. *A Medicina Contemporânea*, 64(6), 215-253.

da sintomatologia. No tratamento com penicilina, Rui Clímaco refere as doses administradas, a frequência da administração e a dose total empregue (500 000 unidades), menciona as dificuldades encontradas na obtenção do medicamento e que estas só foram resolvidas, a 9 de Dezembro de 1944, após a intervenção do Diretor dos Hospitais da Universidade de Coimbra junto da Cruz Vermelha Portuguesa[580]. Após a discussão do caso clínico o autor faz uma revisão da bibliografia sobre psicoses infeciosas e pós-infeciosas. No capítulo onde aborda a terapêutica da infeção refere as vantagens da utilização da penicilina em detrimento das sulfamidas. Relativamente ao caso clínico que apresentou Rui Clímaco mostrou-se surpreso com a ação do medicamento, afirmando que "muito embora estivéssemos convencidos de que a dose de penicilina empregada era insuficiente, ficámos altamente surpreendidos ao verificar que os abcessos múltiplos tinham sido absorvidos sem deixar quaisquer vestígios"[581].

A ginecologia e obstetrícia são especialidades em que introdução da penicilina na terapêutica também veio trazer benefícios[582]. Alberto Reis publicou, em 1946, na revista *Portugal Médico* o artigo "Sobre a penicilina em ginecologia e obstetrícia"[583], onde refere três casos clínicos de septicémia tratados com o medicamento. Na opinião do

---

[580] No Arquivo da Cruz vermelha Portuguesa encontrámos registo da requisição – Telegrama do Dr. João Porto, Diretor dos Hospitais da Universidade de Coimbra em 05 de Dezembro de 1944 – Número de ordem de entrada 5714. In: *Livro de correspondência recebida*. Lisboa, 1944 – e da receção de cinco ampolas de penicilina pelo Diretor dos Hospitais da Universidade de Coimbra – Telegrama do Dr. João Porto, Diretor dos Hospitais da Universidade de Coimbra em 08 de Dezembro de 1944 – Número de ordem de entrada 5812. In: *Livro de correspondência recebida*, (Lisboa, 1944) – em Dezembro de 1944. Não podemos garantir que estas ampolas de penicilina terão sido as empregues por Rui Clímaco no tratamento do doente mencionado no seu artigo mas a coincidência de datas e na quantidade de penicilina administrada leva-nos a supor que se tratam das mesmas.

[581] Clímaco. Revisão clínica das psicoses infecciosas e pós infecciosas, *op. cit.*

[582] Colebrook, L. (1956). The story of puerperal fever – 1800 to 1950. *British Medical Journal*, *1*(4961), 247-252.

[583] Reis, A. (1946). Sobre a penicilina em ginecologia e obstetrícia. *Portugal Médico*, *30*(4), 147-151.

autor "o tratamento das septicémias puerperais e post-abortum sofreu grande revolução com a descoberta da penicilina"[584], Relativamente à sua experiência Alberto Reis afirma que "a ação da penicilina foi brilhante nos três casos de que nos ocupamos"[585].

Albertino da Costa Barros, obstetra dos Hospitais da Universidade de Coimbra, apresentou no II Congresso Luso-Espanhol de Obstetrícia e Ginecologia realizado em Lisboa entre 2 e 5 de Maio de 1948 a comunicação "Quimioterapia e antibioterapia das infeções puerperais"[586] que foi publicada em 1949 na *Revista Portuguesa de Obstetrícia, Ginecologia e Cirurgia*. Nesta comunicação o autor abordou o tratamento das infeções puerperais com quimioterápicos e antibióticos, fazendo referência às estatísticas apresentadas por autores estrangeiros e aos casos clínicos que observou nos Hospitais da Universidade de Coimbra. Este trabalho muito completo e detalhado demonstra as vantagens da utilização da penicilina no tratamento de infeções obstétricas e ginecológicas. Albertino da Costa Barros surge como um dos pioneiros na utilização clínica da penicilina em Portugal. A consulta que efetuamos no Arquivo da Universidade de Coimbra às papeletas dos Hospitais da Universidade de Coimbra de Setembro de 1944 a Agosto de 1946 revelou que este clínico foi um dos principais prescritores do medicamento naquela instituição.

Da investigação realizada na literatura científica da época ficámos conhecedores de que foram realizados, em Portugal, estudos com penicilina em todas as áreas onde o medicamento demonstrou ter eficácia clínica. Apesar das dificuldades na obtenção do fármaco os investigadores nacionais realizaram trabalhos de elevado valor científico sobre os aspetos clínicos da utilização da penicilina bem como sobre

---

[584] Ibid.

[585] Ibid.

[586] Barros, A. da C. (1949). Quimioterapia e antibioterapia das infecções puerperais. *Revista Portuguesa de Obstetrícia, Ginecologia e Cirurgia*, 2(4), 199-250.

os aspetos tecnológicos do fármaco. As universidades portuguesas preocuparam-se em transmitir aos seus alunos conhecimentos atualizados sobre o medicamento de forma a prepará-los para a sua atividade profissional. Através da informação contida nos artigos publicados, médicos e farmacêuticos contactaram com a nova realidade terapêutica que lhes permitiu, quando a penicilina ficou disponível, utilizá-la de modo eficaz contribuindo para o sucesso dos tratamentos efetuados.

3.5. Divulgação da penicilina em Portugal na literatura técnica

Na segunda metade dos anos 40 do século XX até finais dos anos 50, a penicilina torna-se num objeto recorrente na literatura científica e técnica nacionais, à semelhança do que também se fazia no estrangeiro. Entre a literatura de natureza marcadamente técnica ou técnico-científica sobressaem em Portugal duas obras: o *Simposium Terapêutico* e a *Farmacopeia Portuguesa*.

3.5.1. Simposium Terapêutico

Com dinamização da indústria farmacêutica portuguesa e o aumento do consumo de medicamentos o número de especialidades farmacêuticas existentes no mercado nacional aumentou significativamente. A necessidade de as divulgar de modo fidedigno junto dos profissionais de saúde levou à publicação em 1956 do primeiro *Simposium Terapêutico*[587]. O *Simposium Terapêutico*, uma obra de cariz comercial, compilou de forma organizada e sistematizada as diversas especialidades farmacêuticas existentes no mercado nacional permitindo que os

---

[587] Nogueira, J. L., & Almeida, M. A. B. de (Eds.). (1956). *Simposium Terapêutico – Enciclopédia de especialidades farmacêuticas* (1.ª Edição). Lisboa: Editorial Ultramar.

profissionais de saúde, médicos e farmacêuticos, acedessem de forma simplificada a informações sobre a composição, posologia e formas farmacêuticas dos mesmos. Embora a publicação contasse com o apoio da indústria farmacêutica os seus editores e diretores técnicos tentaram ser imparciais na veiculação da informação nela contida propiciando aos seus leitores uma fonte de informação clara e fidedigna.

O primeiro *Simposium Terapêutico* foi editado a 19 de Setembro de 1956 e teve uma tiragem de 5900 exemplares que foram distribuídos gratuitamente pela classe médica e farmacêutica. Em Fevereiro de 1955 antes da publicação do primeiro número do *Simposium Terapêutico* os editores enviaram uma maquete do mesmo à Ordem dos Médicos para sua apreciação. O Conselho Regional da Ordem dos Médicos de Lisboa não teve "qualquer dúvida em considerar a ideia excelente, reputando de grande utilidade a obra em perspetiva"[588]. Os laboratórios farmacêuticos também apoiaram a iniciativa e colaboraram nos custos da publicação. A direção técnica do *Simposium* foi assumida pela farmacêutica Judith Lupi Nogueira e pela química farmacêutica Maria Amélia Borges de Almeida, a administração e redação da estavam sediadas em Lisboa na Travessa do Fala Só, número 15, 1.º esquerdo.

O primeiro *Simposium Terapêutico* encontra-se organizado em sete capítulos; no primeiro além de uma apresentação feita pelos editores é assinalada a situação geográfica dos laboratórios nacionais e a nacionalidade dos laboratórios estrangeiros. Nesta primeira edição estão representados 47 laboratórios nacionais (41 localizados no distrito de Lisboa) e foram apresentados laboratórios de 13 países a nível mundial. O segundo, terceiro e quarto capítulos são dedicados às especialidades farmacêuticas. No capítulo II as especialidades estão organizadas por ordem alfabética sendo feita referência ao laboratório produtor e ao representante ou distribuidor; no capítulo III, também disposto alfabeticamente, é referida a composição, as

---

[588] Ibid, 8.

indicações, a posologia e a apresentação de cada um dos medicamentos. No capítulo IV as especialidades encontram-se organizadas de acordo com a sua indicação terapêutica. No capítulo V estão descriminados os laboratórios e importadores de especialidades. No capítulo VI referem-se as atividades dos colaboradores da publicação e no último capítulo são mencionadas algumas indicações gerais de utilidade médica como as unidades de medida para a administração de medicamentos, posologia segundo as diferentes idades, dados fisiológicos dos líquidos orgânicos, o tempo de incubação de várias doenças infeciosas e um calendário de gravidez.

Efetuámos um levantamento do número de especialidades farmacêuticas descritas no primeiro *Simposium Terapêutico*, sendo discriminadas as especialidades contendo antibióticos e nestas aquelas cuja composição inclui penicilina. As especialidades farmacêuticas com penicilina foram analisadas com maior pormenor sendo detalhadas as formas farmacêuticas em que surgem.

No *Simposium Terapêutico* de 1956 estão descritas 4094 especialidades farmacêuticas, em cada uma delas está detalhada a sua composição, as indicações terapêuticas, a posologia e as apresentações em que o medicamento surge no mercado. As especialidades farmacêuticas cujo nome começa com a letra P ocorrem em maior número (409 medicamentos), circunstância que supomos ser influenciada pelo número de medicamentos contendo penicilina, cuja denominação também principia, na maioria dos casos, com a mesma letra. No capítulo IV do primeiro *Simposium Terapêutico*, dedicado à descrição das especialidades farmacêuticas segundo a sua indicação terapêutica, surgem 151 medicamentos classificados como antibióticos. Através da análise da composição dos mesmos verificámos que 104 contêm penicilina na sua formulação. A maioria dos medicamentos contendo penicilina surge no primeiro *Simposium* apenas com uma única forma farmacêutica descrita, no entanto quando examinámos detalhadamente o campo dedicado à apresentação com que o medicamento se encontrava no mercado verificámos que alguns surgem em mais que uma forma farmacêutica. Se exibirmos o resultado do estudo que efetuámos sobre os medicamentos contendo penicilina de acordo com a forma farmacêutica em que estão descritos no *Simposium Terapêutico* de 1956 constatamos que surgem 127 medicamentos com o fármaco, distribuídos pelas diversas formas farmacêuticas conforme exposto na tabela 1.

Tabela 1 — Descrição das formas farmacêuticas contendo penicilina existentes no *Simposium Terapêutico* de 1956[589]

FORMA FARMACÊUTICA	ANO: 1956	%
Comprimidos	16	13%
Gotas nasais	1	1%
Granulado	1	1%
Injetáveis	76	60%
Outros	2	2%
Óvulos	3	2%
Pastilhas	1	1%
Pensos	1	1%
Pó	2	2%
Pomada	5	4%
Pomada oftálmica	2	2%
Supositórios	12	9%
Suspensão	5	4%
TOTAL	**127**	**100%**

[589] Tabela construída pela autora com base em dados dispersos recolhidos na obra Nogueira, J. L., & Almeida, M. A. B. de (Eds.). (1956). *Simposium Terapêutico – Enciclopédia de especialidades farmacêuticas* (1.ª Edição). Lisboa: Editorial Ultramar.

Através da representação gráfica dos dados da tabela 1 podemos com facilidade constatar que os medicamentos com penicilina na forma injetável surgem em maior número relativamente aos restantes.

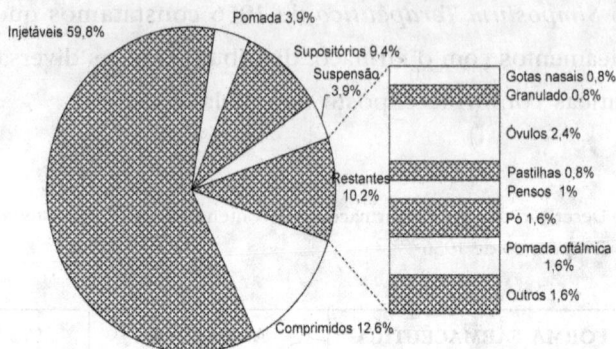

Gráfico 1 — Especialidades farmacêuticas contendo penicilina descritas no *Simposium Terapêutico* de 1956 distribuí-das de acordo com a forma farmacêutica[590]

Analisando o número de especialidades farmacêuticas com penicilina relativamente ao número total de medicamentos que constam no *Simposium Terapêutico* de 1956 verificamos que os primeiros representam 3,1%.

_____

[590] Gráfico construído pela autora com base em dados dispersos recolhidos na obra Nogueira, J. L., & Almeida, M. A. B. de (Eds.). (1956). *Simposium Terapêutico – Enciclopédia de especialidades farmacêuticas* (1.ª Edição). Lisboa: Editorial Ultramar.

Tabela 2 — Número total de especialidades farmacêuticas existentes no *Simposium Terapêutico* de 1956 e número de especialidades farmacêuticas com penicilina[591]

ANO	N.º TOTAL MEDICAMENTOS	F. FARMACÊUTICAS COM PENICILINA	%
1956	4094	127	3,10%

A publicação do primeiro *Simposium Terapêutico* constituiu um êxito, tendo sido reconhecida pela Ordem dos Médicos como uma publicação de "manifesto interesse"[592] e pela Comissão Reguladora dos Produtos Químicos e Farmacêuticos (CRPQF)[593] como "um elemento de consulta valiosa"[594]. Para dar continuidade à primeira edição, o *Simposium Terapêutico* foi novamente publicado em 20 de Novembro de 1957, com uma tiragem de 8 000 exemplares. A segunda edição da obra continuou com a mesma organização do primeiro ano mas com a direção técnica somente da farmacêutica Judith Lupi Nogueira e com agências nos Açores, em Angola e em Moçambique. Em nota, os editores esclarecem que o número de laboratórios colaborantes aumentou significativamente passando a estarem inscritos na segunda edição 59 laboratórios nacionais e 116 estrangeiros. À semelhança da edição anterior a vasta maioria dos laboratórios nacionais encontram-se situados no distrito de Lisboa, no entanto no *Simposium Terapêutico* de 1957 já se encontram ins-

---

[591] Tabela construída pela autora com base em dados dispersos recolhidos na obra Nogueira, J. L., & Almeida, M. A. B. de (Eds.). (1956). *Simposium Terapêutico – Enciclopédia de especialidades farmacêuticas* (1.ª Edição). Lisboa: Editorial Ultramar.

[592] Nogueira, J. L. (Ed.). (1957). *Simposium Terapêutico – Enciclopédia de especialidades farmacêuticas* (2.ª Edição). Lisboa: Sociedade Gráfica Nacional, Lda, 6.

[593] A Comissão Reguladora dos Produtos Químicos e Farmacêuticos era a entidade governamental responsável pela tutela da atividade farmacêutica e o comércio dos medicamentos.

[594] Nogueira. *Simposium Terapêutico – Enciclopédia de especialidades farmacêuticas, op. cit.*, 6.

critos 2 laboratórios do distrito de Coimbra, o laboratório Minerva e o laboratório Alvim.

Apesar da organização geral da segunda edição da publicação permanecer idêntica à primeira, registámos algumas alterações na informação veiculada no capítulo IV – Especialidades por ordem de indicações terapêuticas e no capítulo V – Índice alfabético de laboratórios e importadores de especialidades, bem como a introdução de uma secção dedicada à apresentação das alterações legislativas com maior interesse. Na segunda edição do *Simposium Terapêutico* as especialidades farmacêuticas surgem classificadas por grupos terapêuticos e por indicação terapêutica, A informação sobre os laboratórios e importadores de especialidades para além da morada também referencia os produtos e os laboratórios que representam.

O número de especialidades farmacêuticas descritas no *Simposium Terapêutico* de 1957 aumentou consideravelmente relativamente à edição anterior, passando a estarem incluídos 5 544 medicamentos. Na segunda edição da publicação estão descritos 272 antibióticos, 210 dos quais contêm penicilina na sua composição. Quando analisámos pormenorizadamente os medicamentos contendo penicilina, apurámos que na segunda edição do *Simposium Terapêutico* estão presentes 240 formas farmacêuticas contendo o medicamento, distribuídas de acordo com a tabela 3.

Tabela 3 — Descrição das formas farmacêuticas contendo penicilina existentes no *Simposium Terapêutico* de 1957[595]

FORMA FARMACÊUTICA	ANO: 1957	%
Colírio	6	2,5%
Comprimidos	18	7,5%
Gotas nasais	2	0,8%
Granulado	1	0,4%
Injetáveis	148	61,7%
Outros	4	1,7%
Óvulos	6	2,5%
Pastilhas	6	2,5%
Pensos	1	0,4%
Pó	3	1,3%
Pomada	9	3,8%
Pomada oftálmica	5	2,1%
Supositórios	25	10,4%
Suspensão	6	2,5%
TOTAL	**240**	**100,0%**

Relativamente à primeira edição do *Simposium Terapêutico* constatamos que para além do incremento no número de especialidades

---

[595] Tabela construída pela autora com base em dados dispersos recolhidos na obra Nogueira, J. L. (Ed.). (1957). *Simposium Terapêutico - Enciclopédia de especialidades farmacêuticas* (2.ª Edição). Lisboa: Sociedade Gráfica Nacional, Lda.

farmacêuticas descritas os medicamentos contendo penicilina também aumentaram substancialmente, representando 4.33% do número total de medicamentos inscritos.

Tabela 4 — Número total de especialidades farmacêuticas descritas no *Simposium Terapêutico* de 1957 e o número de especialidades contendo penicilina[596]

ANO	N.º TOTAL MEDICAMENTOS	F. FARMACÊUTICAS COM PENICILINA	%
1957	5544	240	4,33%

De modo a comparar a evolução do número de especialidades inscritas analisámos detalhadamente a terceira e quarta edição do *Simposium Terapêutico*. Na tabela 5 estão apresentados os resultados do nosso estudo. Dos dados descritos constatamos que o número de medicamentos inscritos na publicação aumentou consideravelmente de 1956 para 1958 mas que o incremento verificado para 1959 foi consideravelmente inferior. Em nosso entender este facto deve-se à promulgação do Decreto-lei 41 448 em 18 de Dezembro de 1957 no qual foram revistos os critérios de qualidade dos medicamentos e as normas para a introdução de novas especialidades farmacêuticas no mercado nacional.

---

[596] Tabela construída pela autora com base em dados dispersos recolhidos na obra Nogueira, J. L. (Ed.). (1957). *Simposium Terapêutico - Enciclopédia de especialidades farmacêuticas* (2.ª Edição). Lisboa: Sociedade Gráfica Nacional, Lda.

Tabela 5 — Evolução do número de especialidades farmacêuticas inscritas no *Simposium Terapêutico* e número de formas farmacêuticas com penicilina[597]

ANO	N.º TOTAL MEDICAMENTOS	N.º F. FARMACÊUTICAS COM PENICILINA	%
1956	4094	127	3,10%
1957	5544	240	4,33%
1958	6209	255	4,11%
1959	6359	240	3,77%

Antes da publicação da terceira edição do *Simposium Terapêutico* em 1958 foi efetuado um inquérito aos clínicos de forma a melhorar a informação nele veiculado. Deste inquérito resultaram algumas modificações na organização da publicação. Os medicamentos inscritos passaram a ser classificados de acordo com a sua indicação farmacológica e foram acrescentadas três rubricas: índice de águas medicinais e suas aplicações, laboratórios estrangeiros e seus representantes e preparados dietéticos, seus fabricantes e representantes[598]. A direção técnica da publicação, além da farmacêutica Judith Lupi Nogueira, também passou a contar com a colaboração do médico João Baptista Jacquet.

---

[597] Tabela construída a partir de dados retirados de: Nogueira, J. L., & Almeida, M. A. B. de (Eds.). (1956). *Simposium Terapêutico – Enciclopédia de especialidades farmacêuticas* (1.ª Edição). Lisboa: Editorial Ultramar; Nogueira, J. L. (Ed.). (1957). *Simposium Terapêutico – Enciclopédia de especialidades farmacêuticas* (2.ª Edição). Lisboa: Sociedade Gráfica Nacional, Lda.; Nogueira, J. L., & Jacquet, J. B. (Eds.). (1958). *Simposium Terapêutico – Enciclopédia de especialidades farmacêuticas* (3.ª Edição). Lisboa: Empresa de Publicidade do Sul; Nogueira, J. L., & Jacquet, J. B. (Eds.). (1959). *Simposium Terapêutico – Enciclopédia de especialidades farmacêuticas* (4.ª Edição). Lisboa: Gráfica Imperial, Lda.

[598] Nogueira, J. L., & Jacquet, J. B. (Eds.). (1958). *Simposium Terapêutico – Enciclopédia de especialidades farmacêuticas* (3.ª Edição). Lisboa: Empresa de Publicidade do Sul.

Na quarta edição do *Simposium Terapêutico*, em 1959, foi adotado pelos editores o *slogan* "dura um ano – serve todos os dias"[599], pensamos que a escolha deste lema pretende evidenciar a importância da publicação no quotidiano dos profissionais de saúde. No quarto *Simposium Terapêutico* a disposição dos capítulos sofreu algumas modificações relativamente às edições anteriores estando os assuntos apresentados de uma forma mais clara e sistematizada. O aumento da tiragem para 9 000 exemplares também demonstra que a publicação constituiu um sucesso, facto que é igualmente evidenciado pelas referências entusiásticas que são salientadas pelos editores no início da publicação em 1956.

Consideramos de interesse referir a aparente ausência da publicação do *Simposium Terapêutico* em 1962. Desde a primeira edição, em 1956, os volumes eram publicados no final de cada ano o que, na opinião da maioria dos laboratórios colaborantes, poderia significar que a publicação estivesse atrasada. Esta circunstância motivou os editores a designarem de "1963" sétimo volume em vez de "1962", passando deste modo o *Simposium Terapêutico* a surgir no início de cada ano e não no final[600].

Na comemoração do décimo aniversário da publicação do *Simposium Terapêutico*, em 1966, foram introduzidas algumas alterações relevantes na sua estrutura interna, foram incluídas duas novas rubricas (soluções parenterais e vacinas e soros) e o capítulo 3 dedicado à classificação das especialidades farmacêuticas também foi modificado, passando esta a ser feita segundo a ação farmacológico-terapêutica do medicamento. De acordo com uma nota do editor,

---

[599] Nogueira, J. L., & Jacquet, J. B. (Eds.). (1959). *Simposium Terapêutico – Enciclopédia de especialidades farmacêuticas* (4.ª Edição). Lisboa: Gráfica Imperial, Lda.

[600] Nogueira, J. L., & Jacquet, J. B. (Eds.). (1963). *Simposium Terapêutico – Enciclopédia de especialidades farmacêuticas* (7.ª Edição). Lisboa: Tipografia Esmeralda, Lda.

a adoção de uma classificação farmacológico-terapêutica para as especialidades farmacêuticas teve como objetivo resolver algumas dificuldades observadas por clínicos na localização de certos medicamentos em função do efeito terapêutico pretendido[601]. Na conceção e execução da classificação farmacológico-terapêutica foi solicitada a colaboração do clínico Manuel José da Luz. No capítulo 3 as especialidades farmacêuticas encontram-se agrupadas em vinte secções de acordo com o seu perfil farmacológico e terapêutico. Para otimizar a sua pesquisa os leitores são incentivados a consultar o "índice de classificação"[602] para determinar o sector onde se encontram os medicamentos que pretendem e em seguida, através da designação recolhida, analisar a listagem onde se encontram as especialidades farmacêuticas pretendidas, dispostas por ordem alfabética.

Na publicação da 11.ª edição do *Simposium Terapêutico* e na expectativa, sempre presente dos editores[603x], de melhorar a enciclopédia de especialidades farmacêuticas foi introduzido o tópico reagentes para análises clinicas e assegurada a colaboração técnica de 3 clínicos, da empresa Lisfarma, do Parque Vacinogénico de Lisboa, da Comissão Inter-hospitalar de Lisboa e do Instituto de Assistência Nacional aos Tuberculosos[604].

A farmacêutica Judith Lupi Nogueira assumiu a direção técnica do *Simposium Terapêutico* em 1956 e exerceu esta função durante 18 anos[605]. A partir de 1975 a direção técnica passou a ser da respon-

---

[601] Nogueira, J. L., & Jacquet, J. B. (Eds.). (1966). *Simposium Terapêutico – Enciclopédia de especialidades farmacêuticas* (10.ª edição). Lisboa: Tipografia Esmeralda, Lda.

[602] Ibid.

[603] Nogueira, J. L., & Jacquet, J. B. (Eds.). (1967). *Simposium Terapêutico – Enciclopédia de especialidades farmacêuticas* (11.ª edição). Lisboa: Gráfica Angolana.

[604] Nogueira & Jacquet, *Simposium Terapêutico – Enciclopédia de especialidades farmacêuticas, op. cit.*

[605] Jacquet, J. B. (Ed.). (1975). *Simposium Terapêutico – Enciclopédia de especialidades farmacêuticas* (19.ª edição). Lisboa: Cromotipo-artes gráficas.

sabilidade do médico João Baptista Jacquet que colaborava naquelas funções desde 1958. Em 1975 a publicação teve uma tiragem de 14 000 exemplares e tinha 7 agências, duas em Moçambique, uma nos Açores, Madeira, Angola, São Tomé e na República da Guiné-Bissau.

3.5.2. Farmacopeia Portuguesa

No âmbito da normalização da produção de medicamentos, da padronização de matérias-primas e da instituição de procedimentos que garantam a qualidade de ambos é inevitável fazer-se referência à *Farmacopeia Portuguesa*. A primeira farmacopeia portuguesa não oficial[606] e aquela que deu início à publicação das restantes farmacopeias nacionais[607] surgiu em 1704. Em 1794, foi publicada a primeira farmacopeia oficial portuguesa, a *Pharmacopeia Geral*. Esta farmacopeia foi tornada obrigatória na prescrição e preparação de medicamentos e no ensino da profissão farmacêutica nas instituições[608]. Em 1835 surgiu a segunda farmacopeia oficial portuguesa e em 1876 a terceira farmacopeia oficial, a *Pharmacopêa Portugueza*. Esta farmacopeia foi ficando desatualizada embora tivessem havido tentativas para a elaboração de uma nova farmacopeia[609]. Em 1935, pelo Decreto-lei n.º 24 876 de 9 de Janeiro[610], foi autorizada a publi-

---

[606] António, D. C. de S. (1704). *Pharmacopea Lusitana – Edição Fac-similada*. (J. R. Pita, Ed.). Coimbra: Minerva Coimbra, IX.

[607] Pita, J. R., & Pereira, A. L. (2012). A arte farmacêutica no século XVIII, a farmácia conventual e o inventário da Botica do Convento de Nossa Senhora do Carmo (Aveiro). *Ágora. Estudos Clássicos em Debate, 14*(1), 227–268.

[608] Pita, J. R. (1999). Um livro com 200 anos: A Farmacopeia Portuguesa (Edição oficial). A publicação da primeira farmacopeia oficial: Pharmacopeia Geral (1794). *Revista de História das Ideias, 20*, 47–100.

[609] Cf. Pita, J. R. (2006). Dos manipulados à indústria dos medicamentos: ciência e profissão farmacêutica em Portugal (1836-1921). Em *História ecológico-institucional do corpo*. Coimbra, Imprensa da Universidade, 29-50.

[610] Decreto-lei n.º 24 876 de 9 de Janeiro da Direcção Geral de Saúde, Diário do Governo, 1.ª Série, n.º 7 de 9 de Janeiro de 1935.

cação da *Farmacopeia Portuguesa IV*, isto é, a quarta farmacopeia oficial portuguesa, cuja 1.ª edição entrou em vigor em 1936 e a 2ª edição revista em 1946. Nos anos 40 século XX a farmacopeia em vigor era a *Farmacopeia Portuguesa IV*.

A 2.ª edição da *Farmacopeia Portuguesa IV* embora tivesse sido publicada após o advento da penicilina e da sua integração na terapêutica ainda não contemplava o medicamento. A atualização dos conhecimentos contidos na farmacopeia era urgente. Esta questão foi abordada pelo clínico e político Santos Bessa num discurso proferido na Assembleia Nacional a 12 de Dezembro de 1953, onde o médico refere ser imprescindível a "atualização da nossa farmacopeia. Temos uma farmacopeia atrasada, que não fala de antibióticos"[611]. Para dar seguimento à necessidade de tornar atual a nossa farmacopeia e acompanhar o avanço da terapêutica foi criada pelo Decreto-lei n.º 40 462, de 27 de Dezembro de 1955[612] a *Comissão Permanente da Farmacopeia Portuguesa* sendo os seus membros nomeados pela portaria publicada no Diário do Governo n.º 41, 2.ª série, de 19 de Fevereiro de 1957. Antes da constituição de uma comissão permanente para revisão e elaboração da *Farmacopeia Portuguesa* existiram outras, de carater transitório, que se dedicaram à conceção das edições anteriores da citada obra, no entanto, as constantes alterações e inovações que surgiam no domínio farmacoterapêutico levaram à necessidade de nomeação de uma comissão permanente de forma a não decorrer um período de tempo demasiadamente longo entre a publicação das obras que levasse à desatualização dos seus conteúdos. A existência de comissões permanentes para revisão das farmacopeias em países estrangeiros também contribuiu

---

[611] Bessa, S. (1954). A medicina em S. Bento – Discurso do Dr. Santos Bessa na Assembleia Nacional – A mortalidade infantil – A luta anti-tuberculosa – Os problemas sanitários de Coimbra. *O Médico*, 5(126), 57–64.

[612] Decreto-lei n.º 40 462 de 27 de Dezembro do Ministério do Interior, Direcção Geral de Saúde, Diário do Governo, 1.ª Série, n.º 283 de 27 de Dezembro de 1955.

para a implementação de uma comissão com os mesmos objetivos em Portugal. Valorizava-se, assim, o código farmacêutico português e vincava-se o interesse nacional na atualização das ciências farmacêuticas e, consequentemente, na saúde pública [613].

A *Comissão Permanente da Farmacopeia Portuguesa* era constituída por 19 elementos e dela faziam parte representantes das Faculdades de Medicina de Lisboa, Porto e Coimbra, da Faculdade de Farmácia do Porto e das Escolas de Farmácia de Lisboa e Coimbra, da Direção Geral de Saúde, do Laboratório Militar de Produtos Químicos e Farmacêuticos, do Laboratório de Patologia Veterinária, da Faculdade de Ciências do Porto, da Ordem dos Médicos, do Sindicato Nacional dos Farmacêuticos, dos Hospitais Civis de Lisboa e dos Serviços Farmacêuticos do Hospital de Santa Maria. De forma a atualizar com a maior brevidade possível os conteúdos da *Farmacopeia Portuguesa IV* esta comissão optou pela publicação de um suplemento à farmacopeia em detrimento da edição de uma nova farmacopeia. Assim em 1961 surgiu o *Suplemento da Farmacopeia Portuguesa IV.*

Para retratar com maior rigor científico as diversas especialidades abordadas, no *Suplemento da Farmacopeia Portuguesa IV* foram constituídas diversas subcomissões, de Química farmacêutica, Farmacognosia, Soros e vacinas, Antibióticos, Aferições biológicas e farmacodinâmicas, Farmácia galénica e formulário, Produtos de sutura e pensos, Introdução de medicamentos novos e Redação e coordenação, constituídas por membros da Comissão de acordo com a sua área de especialização.

O suplemento à *Farmacopeia Portuguesa IV* foi impresso num sistema de folhas soltas, autorizado pelo Decreto-lei n.º 42 824 de

---

[613] *Farmacopeia Portuguesa IV – Suplemento*, (Lisboa: Imprensa Nacional de Lisboa, 1961), Secção A, Prefácio, II.

28 de Janeiro de 1960[614], e que de acordo com a comissão responsável pela sua atualização seria "a forma mais conveniente de editar uma obra sujeita a tão frequentes alterações"[615]. O suplemento foi planificado em 12 secções organizadas de A a M, distribuídas do seguinte modo: A – Prefácio, B – Advertências, C – Monografias, D – Reagentes, E – Elementos de estatística, F – Métodos físico-químicos, G – Aferições de caráter farmacodinâmico, H – Métodos microbiológicos e imunológicos, I – Denominações comuns dos medicamentos, J – Tabelas, L – Legislação e M – Corrigenda e anotações à Farmacopeia Portuguesa (IV).

Na escolha dos fármacos a serem incluídos na farmacopeia a Comissão teve em consideração "os fármacos cuja inclusão pareceu mais urgente pelo interesse terapêutico que apresentavam e pela necessidade de fixar as normas da sua verificação"[616] como os antibióticos. No capítulo H foram descritos "os Métodos microbiológicos e imunológicos necessários à verificação dos antibióticos assim como o Ensaio de Pirogénios e as Provas de esterilidade"[617] dos mesmos.

No capítulo C do *Suplemento da Farmacopeia Portuguesa IV* vemos incluídas diversas monografias referentes a antibióticos. Encontram-se descritas as monografias da bacitracina, cloranfenicol, cloridrato de tetraciclina, penicilina (benzilpeniciliato de potássio e de sódio), penicilina benzatina, penicilina procaína, solução injetável de penicilina extemporânea, solução injetável de sulfato de estreptomicina extemporânea, sulfato de dihidroestreptomicina, sulfato de estreptomicina, sulfato de neomicina, supositórios de cloranfenicol, suspensão injetável de penicilina-benzatina, suspensão injetável de penicilina-procaína com penicilina e estreptomicina extemporânea e

---

[614] Decreto-lei n.º 42 824 de 28 de Janeiro do Ministério da Saúde e Assistência, Diário do Governo, 1.ª Série, n.º 22 de 28 de Janeiro de 1960.

[615] *Farmacopeia Portuguesa IV – Suplemento, op. cit.*, Secção A, IV.

[616] Ibid, VI.

[617] Ibid, VII.

suspensão injetável de penicilina-procaína com penicilina extemporânea. O capítulo H onde são descritos os métodos microbiológicos e imunológicos encontram-se especificados os métodos para a aferição biológica dos antibióticos. Para a penicilina retrata-se a penicilina sódica ou potássica e penicilina-procaína e a penicilina-benzatina, estando detalhados os meios de cultura que devem ser utilizados, o modo de preparação da suspensão bacteriana, da solução padrão, da solução da amostra, das placas e a determinação da potência.

Com a inclusão da penicilina e dos restantes antibióticos no *Suplemento da Farmacopeia Portuguesa IV* o Estado colocou a sua "chancela oficial num lote de produtos necessários à produção de medicamentos"[618], garantindo a implementação de normas de qualidade e contribuindo para o bom exercício da profissão farmacêutica.

Em 1986, a *Farmacopeia Portuguesa IV* foi substituída pela *Farmacopeia Portuguesa V*. A estrutura adotada por esta farmacopeia encontrava-se em consonância com as normas vigentes na Farmacopeia Europeia.

---

[618] Pita, *A Escola de Farmácia de Coimbra (1902-1911), op. cit.*, 19.

4. CONCLUSÃO

A descoberta da penicilina por Alexander Fleming em 1928 pode
ser encarada como o culminar de um processo que levou aquele
investigador escocês a agir de forma diferente perante a observação
de um fenómeno de inibição bacteriana.

Em 1922 Alexander Fleming fez a sua primeira grande descoberta
científica, a lisozima. A sua descoberta pode ser encarada como um
preâmbulo para a descoberta, seis anos mais tarde, da penicilina.

Em 1928 a observação da lise de uma colónia de estafilococos na proximidade de uma cultura de um fungo levou Alexander
Fleming a descobrir o primeiro antibiótico, a penicilina. Fleming
não encarou o que observou como uma mera curiosidade científica.
Os conhecimentos de que dispunha e a experiência profissional
(serendipidade talvez) instigaram-no a agir. Procurou identificar o
fungo (*Penicillium notatum*) e realizou experiências para determinar as suas propriedades. Quando publicou os resultados do seu
trabalho ousou mencionar que a substância descoberta, que nomeou
penicilina, poderia ter utilidade terapêutica. Este facto foi crucial
e fundamental para o desenrolar dos acontecimentos subsequentes
da história da penicilina. Apesar de, na época, várias tentativas
terem sido feitas para isolar e extrair a penicilina nenhuma obteve
resultados positivos, as dificuldades encontradas levaram químicos
experientes a abandonar o projeto sem terem conseguido transpor
este obstáculo. No início dos anos 30, Cecil G. Paine, utilizou com
sucesso a penicilina para o tratamento tópico de doentes. Embora

estes tratamentos tenham constituído a primeira prova do valor terapêutico da penicilina, Paine nunca publicou os resultados obtidos e esta importante descoberta científica manteve-se no anonimato durante mais dez anos.

Em 1939, ano em que teve início a II Guerra Mundial, Howard Florey e Ernst Chain, investigadores da Universidade de Oxford, submeteram um pedido de financiamento à Rockefeller Foundation em Nova Iorque para o estudo das propriedades biológicas e bioquímicas de substâncias microbianas com ação antibacteriana, uma das substâncias que propunham estudar era a penicilina. Foi organizada uma equipa de trabalho e com recurso à nova técnica de liofilização conseguiram extrair a penicilina do meio de cultura, ultrapassando as dificuldades anteriormente encontradas. Seguiram-se os ensaios de toxicidade em animais com resultados positivos que abriram caminho à realização de ensaios terapêuticos em animais. Estes tiveram início em Maio de 1940 e comprovaram a atividade terapêutica da penicilina. Os investigadores publicaram, em Agosto de 1940, o resultado destes trabalhos. Constatada a inocuidade e eficácia terapêutica da penicilina em animais era necessário testar o fármaco em humanos. Em Janeiro de 1941 a toxicidade da penicilina foi ensaiada, com sucesso, numa paciente com cancro em fase terminal e a sua efetividade terapêutica noutro doente com uma infeção estafilocócica e estreptocócica generalizada. Apesar do primeiro tratamento com penicilina não ter resultado na recuperação do doente foi crucial em vários pontos, comprovou que o medicamento administrado durante cinco dias não possuía efeitos tóxicos, que a duração do tratamento não fora suficiente para debelar a infeção e que para a penicilina ser convertida num agente terapêutico era necessário produzi-la em quantidades muito superiores às conseguidas pelos membros da equipa de Oxford.

Em 1941 a Inglaterra encontrava-se bastante debilitada devido à II Guerra Mundial. Howard Florey, consciente das potencialidades da penicilina e ciente da necessidade de aumentar a sua produção recorreu à indústria farmacêutica britânica e posteriormente à indústria farmacêutica americana que foi recetiva às suas propostas. Os efeitos da guerra ainda não tinham afetado a América e a sua indústria estava aberta a novos desafios. Em Julho de 1941 Howard Florey e Norman Heatley chegaram aos EUA, pretendiam conseguir a colaboração da indústria farmacêutica americana para converter a penicilina numa realidade terapêutica. A colaboração entre investigadores britânicos e americanos proporcionou a produção de penicilina em grandes quantidades. A ausência de comissões de ética e a necessidade urgente de um fármaco com capacidade de tratar as feridas de guerra infetadas e outras doenças incapacitantes das forças armadas, como as doenças venéreas, permitiu que a penicilina passasse de uma potencialidade laboratorial para uma realidade terapêutica incomparável a qualquer outra existente até então. Os acontecimentos históricos vigentes catalisaram o desenvolvimento da produção de penicilina que em apenas dois anos passou das bancadas de um laboratório na Universidade de Oxford para os campos de batalha, onde salvou inúmeras vidas.

Na descoberta da penicilina pode alegar-se a influência do acaso, várias condicionantes convergiram em 1928 levando Alexander Fleming a observar o fenómeno que iria transformar para sempre a medicina e a própria sociedade, no entanto, sem a experiência e o génio de Fleming a penicilina, provavelmente, nunca teria saído da caixa de Petri. A perseverança de Howard Florey e a tenacidade de Ernst Chain também foram fundamentais para desvelar o valor do antibiótico. Como reconhecimento da sua intervenção na descoberta da penicilina foi atribuído a estes investigadores o Prémio Nobel da Medicina ou Fisiologia em 1945.

Após a descoberta da penicilina e a constatação do facto de ser possível, através de um medicamento, alterar o prognóstico de uma doença infeciosa potencialmente fatal, iniciou-se o processo de procura de novas substâncias com características semelhantes ou até superiores à penicilina. Nos anos 50 e 60 do Século XX a identificação de novas e cada vez mais potentes moléculas antibacterianas tornou-se numa prioridade para a indústria farmacêutica, durante este período, que ficou conhecido como a idade de ouro dos antibióticos.

Assim sendo podemos concluir que a penicilina foi o primeiro medicamento antibacteriano e que esteve na base de novas descobertas e produção de outros antibióticos. Como tal abriu uma nova etapa na terapêutica medicamentosa. As alterações impostas pela necessidade de produção de grandes quantidades de penicilina ocasionaram profundas alterações na indústria farmacêutica, quer a nível de dimensão quer a nível de organização interna. Os resultados obtidos pela terapêutica através da penicilina e posteriormente de outros antibióticos permitiram tratamentos ambulatórios a doenças onde anteriormente eram necessários períodos de internamento longos. É interessante assinalar-se, logo após a descoberta da penicilina e a sua introdução no mercado, a consciência das resistências aos antibióticos que a antibioterapia desregulada poderia ocasionar.

Portugal, embora sem envolvimento direto na II Guerra Mundial, manteve-se ao corrente das novidades científicas provenientes do estrangeiro. Constatámos que nesta matéria não havia isolamento relativamente ao que se passava além-fronteiras. Notícias relativas à descoberta de uma nova substância com propriedades antibióticas, a penicilina, foram desde muito cedo veiculadas na imprensa científica especializada e na imprensa generalista. As primeiras referências que encontrámos datam de 1943 e foram transmitidas pelas conceituadas revistas médicas da época como o *Jornal do Médico* e o *Actualidades e Utilidades Médicas*.

A partir de 1944 a penicilina passou a ocupar um local de destaque no teor das informações veiculadas nas publicações científicas nacionais. Os trabalhos estrangeiros de maior interesse científico e clínico foram divulgados através da imprensa especializada. A cobertura do tema permitiu aos profissionais de saúde portugueses tornarem-se conhecedores de quase todos os aspetos relacionados com o novo antibiótico. A informação veiculada foi de tal forma vasta, sistematizada e esclarecedora que quando a penicilina chegou a Portugal, em 1944, os clínicos nacionais não tiveram qualquer dificuldade em utilizá-la e rapidamente incorporá-la no seu arsenal terapêutico.

A introdução de penicilina em Portugal, em 1944, permitiu, além do tratamento de casos clínicos, a realização de importantes trabalhos científicos. Apesar das dificuldades na obtenção do antibiótico, investigadores portugueses utilizaram os recursos disponíveis para realizarem estudos em diversas áreas associadas à penicilina. Os trabalhos clínicos publicados constituíram, em nosso entender, um importante contributo para os leitores aprofundarem os seus conhecimentos sobre as propriedades, meios de administração e eventuais reações adversas da penicilina, assim como explorar a ação do antibiótico nas várias especialidades médicas. Embora os estudos clínicos não tivessem a dimensão dos ensaios realizados nos EUA e na Grã-Bretanha, obtiveram resultados concordantes aos apresentados naqueles países. Os trabalhos de revisão publicados abordaram exaustivamente a temática da penicilina sendo importantes ferramentas de aprendizagem e atualização de conhecimentos.

Em Agosto de 1944, ainda a penicilina não se encontrava disponível em Portugal, a Escola de Farmácia da Universidade de Coimbra demonstrou a determinação sempre presente naquela instituição de ensino, de transmitir aos seus alunos bases científicas que lhes permitissem exercer de forma exemplar a sua atividade profissional. No VI Curso de Férias da Escola de Farmácia da Universidade de Coimbra, que decorreu entre os dias 1 e 15 do referido mês foram proferidas três lições sobre a penicilina e no ano seguinte, no decurso do VII Curso de Férias da Escola de Farmácia, a temática voltou a ser abordada. No VII Curso de Férias além das aulas teóricas foi proferida uma aula prática que permitiu aos alunos preparar um manipulado com penicilina.

Face ao exposto somos da opinião que a penicilina é sem dúvida merecedora dos inúmeros estudos histórico-científicos que têm sido feitos sobre ela, no estrangeiro. Estamos crentes que muitos outros trabalhos serão necessários até serem conhecidos todos os pormenores do seu percurso.

5. FONTES E BIBLIOGRAFIA

5.1. Fontes manuscritas, policopiadas e imagens

5.1.1. Arquivo da Universidade de Coimbra

5.1.1.1. Hospitais da Universidade de Coimbra

- Papeletas de doentes internados nos Hospitais da Universidade de Coimbra – Caixas
- 1944 – Caixas (254, 255, 256, 257) – 4.º Piso – 3.ª Seção – Fundo Universitário.
- 1945 – Caixas (258, 259, 260, 261, 262, 263, 264, 265, 266, 267, 268, 269) – 4.º Piso – 3.ª Seção – Fundo Universitário.
- 1946 – Caixas (270, 271, 272, 273, 274, 275, 276, 277) – 4.º Piso – 3.ª Seção – Fundo Universitário.

5.1.1.2. Processos de Professores

- Barreto Rosa, Fernando Baeta Bissaya — DIV-S1ºD-E6-T1
- Carvalho, Luís Silva — DIV-S1ºD-E6-T2
- Dinis, José Cipriano Rodrigues — DIV-S1ºD-E6-T3
- Porto, João Maria — DIV-S1ºD-E7-T5
- Santos, Maria Serpa dos — DIV-S1ºD-E8-T2
- Zamith, Luís Augusto de Morais — DIV-S1ºD-E9-T3

5.1.2. Arquivo da Cruz Vermelha Portuguesa (Lisboa)

5.1.2.1. Cruz Vermelha Portuguesa – Livros de Correspondência Expedida

- 1944 – Volume I (1 – 500), Volume II (501 – 1000), Volume III (1001 – 1500), Volume IV (1501 – 2000), Volume V (2001 – 2500), Volume VI (2501 – 3000), Volume VII (3001 – 3500), Volume VIII (3501 – 4000), Volume IX (4001 – 4500), Volume X (4501 – 5000)
- 1945 – Volume I (1 – 500), Volume II (501 – 1000), Volume III (1001 – 1550), Volume IV (1551 – 2100), Volume V (2101 – 2600), Volume VI (2601 – 3800), Volume VII (3801 – 4300), Volume VIII (4301 – 4800), Volume IX (4801 – 5300), Volume X (5301 – 5755)
- 1946 – Volume I (1 – 500), Volume II (501 – 1000), Volume III (1001 – 1500), Volume IV (1501 – 2000), Volume V (2001 – 2500), Volume VI (2501 – 3000)

5.1.2.2. Livros de Correspondência Recebida pela Cruz Vermelha Portuguesa

- Livro de Correspondência Recebida pela Cruz Vermelha Portuguesa de 21 de Fevereiro a 5 de Maio – 1944
- Livro de Correspondência Recebida pela Cruz Vermelha Portuguesa de 5 de Maio a [não apresenta data]
- [Livro de Correspondência Recebida pela Cruz Vermelha Portuguesa] – 1944
- Livro de Correspondência Recebida pela Cruz Vermelha Portuguesa de 11 de Dezembro de 1944 a Junho de 1945

5.1.2.3. Junta Consultiva de Distribuição de Penicilina em Portugal

- CVP – Junta Consultiva de Distribuição de Penicilina em Portugal – 1944 – 1945 – I Vol. (Caixa com documentos avulso)
- CVP – Junta Consultiva de Distribuição de Penicilina em Portugal – 1944 – 1949 – II Vol. (Caixa com documentos avulso)
- Livro de Atas da Junta Consultiva da Cruz Vermelha Portuguesa para a Distribuição de Penicilina em Portugal

  - Ata da Sessão de 26 de Julho de 1944
  - Ata da Sessão de 2 de Agosto de 1944
  - Ata da Sessão de 26 de Setembro de 1944
  - Ata da Sessão de 12 de Janeiro de 1945

5.1.2.4. Comissão Central da Cruz Vermelha Portuguesa

- Livro de Atas da Comissão Central da Cruz Vermelha Portuguesa

  - Ata da Sessão Ordinária da Comissão Central da Cruz Vermelha Portuguesa em 8 de Maio de 1944
  - Ata da Sessão Ordinária da Comissão Central da Cruz Vermelha Portuguesa em 12 de Junho de 1944
  - Ata da Sessão Ordinária da Comissão Central da Cruz Vermelha Portuguesa em 24 de Julho de 1944
  - Ata da Sessão Ordinária da Comissão Central da Cruz Vermelha Portuguesa em 18 de Outubro de 1944
  - Ata da Sessão Extraordinária da Comissão Central da Cruz Vermelha Portuguesa em 29 de Novembro de 1944

5.1.2.5. Livro de Condecorações da Cruz Vermelha Portuguesa

5.1.3. Centro de Documentação Farmacêutica da Ordem dos Farmacêuticos

a) Receitas médicas doadas pela Farmácia Cruz Viegas de Coimbra, código de referência: PT/OF/CDF/E-B/007

b) Circular n.º 66 do Grémio Nacional das Farmácias enviada à Farmácia Cruz Viegas em 13 de Julho de 1944 [quando o documento foi consultado ainda não lhe tinha sido atribuído um código de referência]

5.2. Documentos Oficiais e Legislação

Constituição Política da República Portuguesa de 21 de Agosto de 1911, Editora F. França Amado, Coimbra, 1911.

Decreto de 9 de Fevereiro do Ministério do Interior, Diário do Governo, n.º 33 de 10 de Fevereiro de 1911.

Decreto de 10 de Março do Ministério do Interior, Direcção Geral de Administração Política e Civil, Diário do Governo, n.º 57 de 11 de Março de 1911.

Decreto de 25 de Maio do Ministério do Interior, Diário do Governo, n.º 122 de 25 de Maio de 1911.

Decreto de 17 de Julho do Ministério do Interior, Direcção Geral de Administração Política e Civil, Diário do Governo, n.º 165 de 18 de Julho de 1911.

Decreto n.º 21 853 de 8 de Novembro do Ministério da Instrução Pública, Direcção Geral do Ensino Superior e das Belas Artes, Diário do Governo, 1.ª Série, n.º 262 de 8 de Novembro de 1932.

Decreto-lei n.º 24 876 de 9 de Janeiro da Direcção Geral de Saúde, Diário do Governo, 1.ª Série, n.º 7 de 9 de Janeiro de 1935.

Decreto-lei n.º 30 270 de 12 de Janeiro do Ministério do Comércio e Indústria, Diário do Governo, 1.ª Série, n.º 10 de 12 de Janeiro de 1940.

Decreto-lei n.º 34 112 de 15 de Novembro da Direcção Geral das Alfandegas, Diário do Governo, 1.ª Série, n.º 252 de 15 de Novembro de 1944.

Decreto-lei n.º 35 108 de 7 de Novembro do Ministério do Interior, Sub-secretariado de Estado da Assistência Social, Diário do Governo, 1.ª Série, n.º 247 de 7 de Novembro de 1945.

Decreto-lei n.º 36 607 de 24 de Novembro do Ministério das Finanças, Diário do Governo, 1.ª Série, n.º 273 de 24 de Novembro de 1947.

Decreto-lei n.º 40 462 de 27 de Dezembro do Ministério do Interior, Direcção Geral de Saúde, Diário do Governo, 1.ª Série, n.º 283 de 27 de Dezembro de 1955.

Decreto n.º 41 448 de 18 de Dezembro dos Ministérios do Interior e da Economia, Diário do Governo, 1.ª Série, n.º 287 de 18 de Dezembro de 1957.

Decreto-lei n.º 41 825 de 13 de Agosto da Presidência do Conselho, Diário do Governo, 1.ª Série, n.º 177 de 13 de Agosto de 1958.

Decreto n.º 41 828 de 14 de Agosto da Presidência da Repúplica, Diário do Governo, 1.ª Série, n.º 178 de 14 de Agosto de 1958.

Decreto-lei n.º 42 210 de 13 de Abril do Ministério da Saúde e Assistência, Diário do Governo, 1.ª Série, n.º 83 de 13 de Abril de 1959.

Decreto-lei n.º 42 824 de 28 de Janeiro do Ministério da Saúde e Assistência, Diário do Governo, 1.ª Série, n.º 22 de 28 de Janeiro de 1960.

Decreto-lei n.º 44 198 de 20 de Fevereiro do Ministério da Saúde e Assistência, Direcção Geral de Saúde, Diário do Governo, 1.ª Série, n.º 38 de 20 de Fevereiro de 1962.

Decreto-lei n.º 46 621 de 27 de Outubro do Ministério da Saúde e Assistência, Diário do Governo, 1.ª Série, n.º 244 de 27 de Outubro de 1965.

Decreto-lei n.º 46 628 de 5 de Novembro do Ministério da Saúde e Assistência, Diário do Governo, 1.ª Série, n.º 251 de 5 de Novembro de 1965.

Decreto-lei n.º 48696 de 22 de Novembro do Ministério da Educação Nacional – Direcção-Geral do Ensino Superior e das Belas-Artes, Diário do Governo, 1.ª Série, n.º 275 de 22 de Novembro de 1968.

Portaria n.º 13 412 de 6 de Janeiro do Ministério do Interior, Direcção-Geral de Saúde, Repartição dos Serviços Administrativos, Diário do Governo, 1.ª Série, n.º 5 de 6 de Janeiro de 1951.

Portaria n.º 15 184 de 30 de Dezembro do Ministério do Interior, Direcção-Geral de Saúde, Repartição dos Serviços Administrativos, Diário do Governo, 1.ª Série, n.º 291 de 30 de Dezembro de 1954.

Portaria n.º 17 512 de 29 de Dezembro do Ministério da Saúde e Assistência, Diário do Governo, 1.ª Série, n.º 298 de 29 de Dezembro de 1959.

Portaria n.º 180 de 8 de Abril dos Ministérios das Finanças e das Comunicações, Diário do Governo, 1.ª Série, n.º 82 de 8 de Abril de 1970.

5.3. Bibliografia e fontes impressas

A maior fábrica de penicilina do mundo vai ser instalada em Inglaterra. (1945, Setembro 22). *Diário Popular*, p. 17. Lisboa.

A penicilina em socorro dum internacional de «football». (1944, Setembro 21). *Diário Popular*, p. 8. Lisboa.

A Penicilina salvou um «ás» do futebol suíço. (1944, Setembro 22). *Diário da Manhã*, p. 6. Lisboa.

A preparação da penicilina – Vai construir-se na Inglaterra o maior laboratório mundial. (1944, Setembro 22). *Diário de Lisboa*, p. 3. Lisboa.

A um médico português foi aplicada a penicilina que lhe salvou a vida. (1944, Setembro 19). *Gazeta de Coimbra*. Coimbra.

Abraham, E. P., & Chain, E. (1942). Purification and some physical and chemical properties os penicillin. *The British Journal of Experimental Pathology, 23*(3), 103-115.

Abraham, E. P., Chain, E., Fletcher, C. M., Gardner, A. D., Heatley, N. G., Jennings, M. A., & Florey, H. W. (1941). Further observations on penicillin. *The Lancet, 238*(6155), 177-189.

Actas da sociedade – Sessão de 26 de Novembro de 1946 (1946). *Jornal da Sociedade das Ciências Médicas de Lisboa, 110*(9), 424--426.

Action antibactèrienne du Penicillium. (1930). *Revue D'Higiène et de Medicine Préventive, LII*(6), 487.

Alexander Fleming Prémio Nobel de Medicina 1944. (1945, Outubro 22). *Jornal do Comércio*, p. 8. Lisboa.

Allison, V. D. (1974). Personal recollections of Sir Almroth Wright and Sir Alexander Fleming. *The Ulster Medical Journal, 43*(2), 89-98.

António, D. C. de S. (1704). *Pharmacopea Lusitana – Edição Fac--similada*. (J. R. Pita, Ed.). Coimbra: Minerva Coimbra.

Aumento da produção de penicilina (1944). *Jornal do Médico, 4*(81), 279-280.

Barata, P. (1945a). Penicilina – Revista geral. *Jornal do Médico, 6*(133), 355-360.

Barata, P. (1945b). Penicilina – Revista geral. *Jornal do Médico, 6*(131), 277-288.

Barata, P. (1945c). Penicilina – Revista geral. *Jornal do Médico, 6*(132), 313-321.

Barron, J. T., Mansfield, T., Christie, R. V, Morgan, H. V, Roxburgh, A. C., Mowlem, R., ... Robertson, I. M. (1944). An investigation of the therapeutic properties of penicillin – A report to the Medical Research Council. *British Medical Journal*, *1*(4345), 513-514.

Barros, A. da C. (1949). Quimioterapia e antibioterapia das infecções puerperais. *Revista Portuguesa de Obstetrícia, Ginecologia e Cirurgia*, *2*(4), 199-250.

Bastos, J. M., & Gusmão, E. B. de. (1945). Penicilina e gonorreia. *Imprensa Médica*, *11*(15), 235-237.

Bell, V. (2014). Introdução dos antibióticos em Portugal: ciência, técnica e sociedade (anos 40 a 60 do século XX). Estudo de caso da penicilina. Tese de Doutoramento. Faculdade de Farmácia da Universidade de Coimbra.

Bell, V., Pereira, A. L., e Pita, J. R. (2015). The reception of penicillin in Portugal during World War II: cooperation with Brazil and the United States of America. Debater a Europa, 13(Julho--Dezembro), 143-157.

Bell, V., Pita, J. R., e Pereira, A. L. (2011). A importância do Brasil no fornecimento das primeiras doses de penicilina para Portugal (1944). Em C. Fiolhais, C. Simões, e D. Martins (Eds.), Congresso Luso-Brasileiro de História das Ciências. Livro de Atas (pp. 878--891). Coimbra.

Bell, V., Pita, J. R., e Pereira, A. L. (2014). Circuitos e redes de distribuição de penicilina em Portugal: 1944-1946. Em I. Malaquias e et al. (Eds.), Construir Ciência – Construir o Mundo (pp. 143--145). Aveiro: UA Editora.

Bentley, R. (2009). Different roads to discovery; Prontosil (hence sulfa drugs) and penicillin (hence beta-lactams). *Journal of industrial microbiology & biotechnology*, *36*(6), 775-86.

Bessa, S. (1954). A medicina em S. Bento – Discurso do Dr. Santos Bessa na Assembleia Nacional – A mortalidade infantil – A luta anti-tuberculosa – Os problemas sanitários de Coimbra. *O Médico*, *5*(126), 57-64.

Bickel, L. (1972). *Rise up to life. A biography of Howard Walter Florey who made penicillin and gave it to the world.* London: Angus and Robertson (U.K.) LTD.

Bloomfield, A. L., Kirby, W. M. M., & Armstrong, C. D. (1944). A study of «penicillin failures». *The Journal of the American Medical Association, 126*(11), 685-691.

Bloomfield, A. L., Rantz, L. A., & Kirby, W. M. M. (1944). The cilinal use of penicillin. *The Journal of the American Medical Association, 124*(10), 627-633.

Boldrin, M., & Levine, D. (2008). *Against intellectual monopoly.* Cambridge University Press Cambridge.

Braga, A. (1944). A Penicilina no furúnculo antracóide do lábio superior. *Jornal do Médico, 5*(99), 90-91.

Brandão, F. N. (1960). Epidemiology of Venereal Disease in Portugal during the Second World War. *British Journal Of Venereal Diseases, 36*(2), 136-138.

Bristow, A. F., Barrowcliffe, T., & Bangham, D. R. (2006). Standardization of biological medicines: the first hundred years, 1900-2000. *Notes and Records of the Royal Society, 60*(3), 271-289.

Brown, K. (2013). *Penicillin man. Alexander Fleming and the antibiotic revolution.* Gloucestershire: The History Press.

Brumfitt, W., & Hamilton-Miller, J. M. T. (1988). The changing face of chemotherapy. *Postgraduate Medical Journal, 64*(753), 552-558.

Bud, R. (2007). *Penicillin Triumph and Tragedy.* Oxford: Oxford University Press.

Buggs, C. W. (1947). Antibiotic Agents and Some General Principles of Antibiotic Therapy. *Journal of the National Medical Association, 39*(2), 45-57.

Bulleid, A. (1954). The microbe hunters. *Proceedings of the Royal Society of Medicine, 47*(1), 37-40.

Burns, M. (2009). Wartime research to post-war production: Bacinol, dutch penicillin, 1940-1950. Em A. Romero, C. Gradmann, &

M. Santemases (Eds.), *Circulation of Antibiotics : Journeys of Drug Standards, 1930-1970* (p. 262). Madrid.

Burns, M., Bennett, J., & van Dijck, P. W. M. (2003). Code Name Bacinol. *ASM News, 69*(1), 25-31.

Butler, C. (1979). Surgery-before and after penicillin. *British Medical Journal, 2*(6188), 482-483.

Cairns, H. (1944). Gunshot wounds of the head in the acute stage. *British Medical Journal, 1*(4331), 33-37.

Cairns, H. (1949). Surgical aspects of meningitis. *British Medical Journal, 1*(4613), 969-976.

Cairns, H., & Florey, H. (1943). *A preliminary report to the War Office and the Medical Research Council on Investigations concerning the Use of Penicillin in War Wounds.* London.

Carvalho, R. de. (1944a). Penicilina: Seu estudo entre 1929 e 1943. *Jornal dos Farmacêuticos, 3*(25-30), 9-52.

Carvalho, R. de. (1944b). Penicilina: Seu estudo entre 1929 e 1943. *Jornal dos Farmacêuticos, 3*(31-32), 95-129.

Carvalho, R. de. (1944c). Penicilina: seu estudo entre 1929 e 1943 – 1. *Jornal dos Farmacêuticos, 3*(25 a 30), 9-52.

Carvalho, L. S. (1947). Noções de farmacotecnia das preparações penicilínicas. *Jornal dos Farmacêuticos, 6*(55), 5-21.

Carvalho, L. S. (1949). *Penicilina - Propriedades, Ensaios e Preparações Galénicas.* Coimbra: Coimbra Editora, Limitada.

Casper, S. T. (2008). The origins of the Anglo-American Research Alliance and the incidence of civilian neuroses in Second World War Britain. *Medical history, 52*(3), 327-46.

Chain, E. (1944a). Other antibacterial substances from bacteria and moulds. *British Medical Bulletin, 2*(1), 8-9.

Chain, E. (1944b). Outras substâncias antibacterianas derivadas de bactérias e bolores. *Clínica, Higiene e Hidrologia, 10*(4), 102-103.

Chain, E., & Florey, H. W. (1944a). A penicilina sob o ponto de vista químico. *Clínica, Higiene e Hidrologia, 10*(4), 103-106.

Chain, E., & Florey, H. W. (1944b). The discovery of the chemotherapeutic properties of penicillin. *British Medical Journal*, 2(1), 5-7.

Chain, E., Florey, H. W., Adelaide, M. B., Gardner, A. D., Heatley,
N. G., Jennings, M. A., ... Sanders, A. G. (1940). Penicillin as a
chemotherapeutic agent. *The Lancet*, 236(6104), 226-228.

Chaves, A. R. (1948). A penicilina no tratamento da sífilis. *Gazeta
Médica Portuguesa*, 1(3), 699-706.

Clayton, J. C., Hems, B. A., Robinson, F. A., Andrews, R. D., &
Hunwicke, R. F. (1944). Preparation of Penicillin. Improved
Method of Isolation. *Biochemical Journal*, 38(5), 453-458.

Clímaco, R. (1946). Revisão clínica das psicoses infecciosas e pós
infecciosas. *A Medicina Contemporânea*, 64(6), 215-253.

Clínica oto-rino-laringológica do Hospital de St° António dos
Capuchos (1945). *Jornal do Médico*, 5(106), 322.

Clutterbuck, P. W., Lovell, R., & Raistrick, H. (1932). Studies in the
biochemistry of micro-organisms. The formation from glucose by
members of the Penicillium chrysogenum series of a pigment, an
alkali-soluble protein and penicillin-the antibacterial substance
of Fleming. *The Biochemical Journal*, 26(6), 1907-1918.

Coghill, R. D. (1944). Penicillin-science's Cinderella. *Chemical &
Engineering News*, 22(8), 588-593.

Colebrook, L. (1953). Almroth Wright-pioneer in immunology. *British
Medical Journal*, 2(4837), 635-640.

Colebrook, L. (1956). The story of puerperal fever - 1800 to 1950.
British Medical Journal, 1(4961), 247-252.

Comissão Reguladora dos Produtos Químicos e Farmacêuticos. (1956).
Medicamentos especializados e produtos químicos medicinais.
Lisboa.

Crowfoot, D., Bunn, C. W., Rogers-Low, B. W., & Turner-Jones, A.
(1949). X-ray Crystallographic investigation of the structure of
penicillin. Em H. T. Clarke, J. R. Johnson, & R. Robinson (Eds.),
Chemistry of Penicillin (pp. 310-367). Princeton University Press.

Cruickshank, R. (1945). Infection in infancy. *Archives of Disease in Childhood, 20*(104), 145-150.

Cruickshank, R. (1950). Prevention and control of infection. *British Medical Journal, 1*(4644), 25-30.

Cruickshank, R., & Dolphin, A. (1945). Penicillin therapy in acute bacterial endocarditis. *British Medical Journal, 1*(4408), 897-901.

D'Abreu, A. C., & Lamas, A. (1946). Penicilina por via carotídia. *Jornal da Sociedade das Ciências Médicas de Lisboa, 110*(9), 410-422.

Dawson, M. H., & Hobby, G. L. (1944). The clinical use of penicillin – Observations in one hundred cases. *The Journal of the American Medical Association, 124*(10), 611-622.

Dawson, M. H., Hobby, G. L., Meyer, K., & Chaffee, E. (1941). Penicillin as a chemotherapeutic agent. *Journal of Clinical Investigation, 20*(4), 433-465.

Dawson, M. H., & Hunter, T. H. (1945). The treatment of subacute bacterial endocarditis with penicillin. *The Journal of the American Medical Association, 127*(3), 129-137.

Delafield, M. E., Straker, E., & Topley, W. W. C. (1941). Antiseptic snuffs. *British Medical Journal, 1*(4178), 145-150.

Dible, J. H. (1953). Chance, design and discovery. *Postgraduate Medical Journal, 29*(328), 59-64.

Dinis, J. C. R. (1945a). Actividade escolar – Relatório do director da escola de farmácia da Universidade de Coimbra referente ao ano lectivo de 1944-1945. *Boletim da Escola de Farmácia da Universidade de Coimbra, 5*, 308-402.

Dinis, J. C. R. (1945b). Vida escolar – Relatório do director da escola de farmácia referente ao ano escolar de 1943-1944. *Boletim da Escola de Farmácia da Universidade de Coimbra, 5*, 239-407.

Discussion on cases treated by penicillin. (1944). *Proceedings of the Royal Society of Medicine, 37*(9), 499-506.

Discussion on penicillin in neurology. (1947). *Proceedings of the Royal Society of Medicine, 40*(12), 681-686.

Doherty, L., Fenton, K. A., Jones, J., Paine, T. C., Higgins, S. P., Williams, D., & Palfreeman, A. (2002). Syphilis : old problem, new strategy. *British Medical Journal*, *325*(7356), 153-156.

Dolkart, R. E., Dey, F. L., & Schwemlein, G. X. (1947). Penicillin assay techniques: acomparative study. *Journal of Bacteriology*, *53*(1), 17-24.

Douglas, J. M. (2009). Penicillin Treatment of Syphilis – Clearing Away the Shadow on the Land. *The Journal of the American Medical Association*, *301*(7), 769-771.

Dumoff-Stanley, E., Dowling, H. F., & Sweet, L. K. (1945). The absorption into and distribution of penicillin in the cerebrospinal fluid. *Journal of Clinical Investigation*, *25*(1) 87-93.

Dunayer, C., Buxbaum, L., & Knobloch, H. (1944). Crude penicillin: it's preparation and clinical use externally. *Annals of Surgery*, *119*(5), 791-795.

Editorial Board of the Monograph on Chemistry of Penicillin. (1947). The Chemical Study of Penicillin: A brief history. *Science*, *105*(2737), 563-659.

Editorials. (1945). Government control of penicillin relaxed. *Canadian Medical Association Journal*, *52*(March), 287-289.

Editorials. (1952). A decade of penicillin. *American Journal of Public Health*, *42*(3), 306-307.

Editorials – The history of penicillin. (1944). *The Journal of the American Medical Association*, *126*(3), 170-172.

Entrevista à volta de um livro (1950). *Eco Farmacêutico*, *12*(103), 4-5.

Esteves, J. (1946a). O tratamento da sífilis pela penicilina. *Clínica Contemporânea*, *1*(1), 36-45.

Esteves, J. (1946b). O tratamento da sífilis pela penicilina. *Portugal Médico*, *30*(5), 212-225.

Faculdade de Farmácia do Porto (1956/1957). Apontamentos para o estudo comparativo de farmacopeias. Porto: Edição da secção de textos da A.E.F.F.

Farmacopeia Portuguesa IV – Suplemento. (1961). Lisboa: Imprensa Nacional de Lisboa.

Ferreira, C. de, & Sousa, M. (1946). O que vale a penicilinoterapia em oftalmologia? *Boletim da Sociedade Portuguesa de Oftalmologia, 5*, 230-239.

Fifty years of penicillin. (1979). *British Medical Journal, 1*(6171), 1101-1102.

Figueiredo, L., & Nunes, A. (1946). Tratamento com penicilina num caso de endocardite lenta. *Clínica Contemporânea, 1*(2), 89-96.

Fleming, A. (1929). On the antibacterial action of cultures of a penicillum with special reference to their use in the isolation of B.Influenzae. *The British Journal of Experimental Pathology, 10*(3), 226-236.

Fleming, A. (1932). Lysozyme. *Proceedings of the Royal Society of Medicine, 26*(2), 1-14.

Fleming, A. (1933). Penicillin and potassium tellurite in selective media. *British Medical Journal, 1*(3761), E20.

Fleming, A. (1940). Discussion on the effect of antiseptics on wounds. *Proceedings of the Royal Society of Medicine, 33*(8), 487-502.

Fleming, A. (1944a). A descoberta da penicilina. *Clínica, Higiene e Hidrologia, 10*(4), 98-99.

Fleming, A. (1944b). A penicilina em bacteriologia. *Clínica, Higiene e Hidrologia, 10*(4), 100-102.

Fleming, A. (1944). Penicillin. The Robert Campbell Oration. *The Ulster Medical Journal, 13*(2), 95-108.

Fleming, A. (1946). History and development of penicillin. Em S. A. Fleming (Ed.), *Penicillin: its practical application* (pp. 1-23). London: Buttereworth & Co., Ltd.

Fletcher, C. (1984). First clinical use of penicillin. *British Medical Journal, 289*(6460), 1721-1723.

Florey, H. (1949). *Antibiotics: a survey of penicillin, streptomycin, and other antimicrobial substances from fungi, actinomycetes, bacteria, and plants.* Oxford University Press.

Florey, M. E. (1944). Utilização terapêutica da penicilina. *Clínica, Higiene e Hidrologia, 10*(4), 106-112.

Fonseca, A. da. (1948). Normas gerais para o tratamento da sífilis. *Jornal do Médico, 11*(264), 145-154.

Fox, E. (1991). Powers of life and death: aspects of maternal welfare in England and Wales between the wars. *Medical history, 35*(3), 328-52.

Francis, A. M. (2013). The wages of sin: how the discovery of penicillin reshaped modern sexuality. *Archives of sexual behavior, 42*(1), 5-13.

Franco, J. E., & Simões, A. (2011). Universidade – Uma utopia revisitada. *Revista Letras com Vida – Literatura, Cultura e Arte, 3*(1), 104.

Furtado, D., Rodrigues, M., & Machado, D. (1945a). Contribuição para o estudo do tratamento do tabes com penicilina. *Jornal do Médico, 6*(135), 411-420.

Furtado, D., Rodrigues, M., & Machado, D. (1945b). Contribuição para o estudo do tratamento do tabes com penicilina. *Jornal do Médico, 6*(136), 446-451.

Gama, A. D. da. (2005). A obra dos pioneiros portugueses da angiografia e cirurgia vascular evocada no Congresso Japonês de Cirurgia. *Revista Portuguesa de Cururgia Cardio-Torácica e Vascular, 12*(2), 69-70.

Garrett, J. (1944). A Penicilina. *Portugal Médico, 28*(2), 91-98.

Garrod, L. P. (1943). The treatment of war wounds with penicillin. *British Medical Journal, 2*(4327), 755-756.

Garrod, L. P. (1944). Considerações gerais sobre a penicilina. *Clínica, Higiene e Hidrologia, 10*(4), 95-98.

González, J. & Orero, A. (2007). La penicilina llega a España: 10 de marzo de 1944, una fecha histórica. *Revista Espanhola Quimioterapia* 20(4), 446-450.

Goodman, L. S., & Gilman, A. (1955). *The pharmacological basis of therapeutics* (2 nd Editi.). New York: The MacMillan Company.

Gray, I. R. (1987). Infective endocarditis 1937-1987. *British Heart Journal, 57*, 211-213.

Greenwood, D. (2008). *Antimicrobial Drugs: Chronicle of a twentieth century medical triumph*. OUP Oxford.

Grossman, C. M. (2008). The First Use of Penicillin in the United States. *Annals of Internal Medicine, 149*(2), 135-136.

Gudin, M., & Filho, A. N. (1944). Tratamento da osteomielite por assepsia integral e penicilina intra-arterial. Sutura primitiva e secundária da ferida. *Memórias do Instituto Oswaldo Cruz, 41*(1), 163-166.

Guimarães, F. de (1946/1947). Apontamentos de farmacologia. Org. A. J. Paulino, J. M. F. Martins & V. S. Moreira. Coimbra.

Hackzell vai ser tratado com a penicilina. (1944, Setembro 24). *Jornal do Comércio*, p. 4. Lisboa.

Hare, R. (1982). New light on the history of penicillin. *Medical History, 26*(1), 1-24.

Hare, R. (1983). The scientific activities of Alexander Fleming, other than the discovery of penicillin. *Medical History, 27*(4), 347-72.

Heatley, N. G. (1944). A Method for the Assay of Penicillin. *Biochemical Journal, 38*(1), 61-65.

Herrell, W. E. (1944). The clinical use of penicillin: an antibacterial agent of biologic origin. *Journal of the American Medical Association, 124*(10), 622-627.

Herrell, W. E., Cook, E. N., & Thompson, L. (1943). Use of penicillin in sulfonamide resistant gonorrheal infections. *The Journal of the American Medical Association, 122*(5), 289-292.

Hobbins, P. G. (2010). «Outside the institute there is a desert»: the tenuous trajectories of medical research in interwar Australia. *Medical history, 54*(1), 1-28.

Hoeprich, P. D. (1968). The Penicillins, Old and New. *California Medicine, 109*(4), 301-308.

Hospitais Civis de Lisboa (1945). *Clínica, Higiene e Hidrologia, 11*(2), 51-52.

Howie, J. (1986). Penicillin : 1929-40. *British Medical Journal*, *293*(6540), 158-159.

Instituto Nacional de Estatística. (1945). *Taxas de remuneração de trabalho oficialmente estabelecidas : 1934-1944*. Lisboa: Sociedade Tipográfica, Lda.

Jacquet, J. B. (Ed.). (1975). *Simposium Terapêutico – Enciclopédia de especialidades farmacêuticas* (19ª edição.). Lisboa: Cromotipo- -artes gráficas.

Júnior, C. e S. (1946). Notas sobre o tratamento da blenorreia. *Portugal Medico, 30*(4), 139-147.

Keefer, C. S., Blake, F. G., Marshall, E. K., Lockwood, J. S., & Wood, W. B. (1943). Penicillin in the treatment of infections – A report of 500 cases. *The Journal of the American Medical Association, 122*(18), 1217-1224.

Lai, J. C. (2009). Article Penicillins : Their Chemical History and Legal Disputes in New Zealand. *Chemistry in New Zealand*, (July), 116-124.

Lamas, A. (1945). Penicilina intra-arterial. *Amatus Lusitanus, 4*(3), 165-171.

Lax, E. (2005). *The Mold in Dr. Florey's Coat. The story of the penicillin miracle*. New York: Owl Books.

Lesch, J. E. (2007). *The First Miracle Drugs: How the Sulfa Drugs Transformed Medicine*. New York: Oxford Univ Press.

Liebenau, J. (1990). The rise of the British pharmaceutical industry. *British Medical Journal, 301*(6754), 724-729.

Loewe, L., Rosenblatt, P., Greene, H. J., & Russell, M. (1944). Combined penicillin and heparin therapy of subacute bacterial endocarditis – Report of seven consecutive successfully treated patients. *The Journal of the American Medical Association, 124*(3), 144-149.

Lopes, G. (1944). A penicilina por via carotidiana. *A Medicina Contemporânea, 62*(19/20), 224-225.

Loudon, I. (1986). Deaths in childbed from the eighteenth century to 1935. *Medical history, 30*(1), 1-41.

Lyons, C. (1943). Penicillin therapy of surgical infections in the U. S. Army. *The Journal of the American Medical Association, 123*(16), 1007-1018.

Lyons, C. (1944). A terapêutica pela penicilina nas infecções cirurgicas no exército dos Estados Unidos da América. *A Medicina Contemporânea, 62*(7/8), 97-112.

Macfarlane, J. T., & Worboys, M. (2008). The changing management of acute bronchitis in Britain, 1940-1970: the impact of antibiotics. *Medical history, 52*(1), 47-72.

Machlup, F. (1958). *An Economic Review of the Patent System*. Washinton: United States Goverment Printing Office.

Maclachlan, W. W. G., Bracken, M. M., Lynch, M. P., & Bailey, W. R. (1949). A comparison of intramuscular and oral penicillin in pneumococcic pneumonia. *Canadian Medical Association Journal, 61*(August), 134-137.

Mahoney, J. F., Arnold, R. C., & Harris, A. D. (1943). Penicillin treatment of early syphilis - A preliminary report. *American Journal of Public Health, 33*(12), 1387-1391.

Mahoney, J. F., Arnold, R. C., Sterner, B. L., Harris, A. D., & Zwally, M. R. (1944). Penicillin treatment of early syphilis: II. *The Journal of the American Medical Association, 126*(2), 63-67.

Mais uma vida salva pela penicilina. (1944, Novembro 4). *Gazeta de Coimbra*, p. 2. Coimbra.

Masters, D. (1946). *Miracle drug: the inner history of penicillin*. London: Eyre&Spottiswoode.

Maurois, A. (1959). *The life of Sir Alexander Fleming. New York*. Oxford: The Alden Press.

May, H. B. (1944). Penicillin in civilian practice. *British Medical Journal, 2*(4381), 817-818.

May, J. (1948). Penicillin in Oil-Wax Mixtures. *The British Journal of Venereal Diseases, 24*(1), 18.

McIntire, R. T. (1943). Letter of information and instructions on the use of penicillin. *Bumed News Letter*, *2*(2), 20-24.

Medical Notes in Parliament, Penicillin Bill. (1947). *British Medical Journal*, *1*(4499), 428-431.

Medical Research Council. (1943). Supplies and distribution of penicillin. *British Medical Journal*, *2*(4312), 274.

Ministério da Economia. (1945). Venda de penicilina. *Jornal do Médico*, *6*(147), 765.

Monnet, D. L. (2004). Antibiotic development and the changing role of the pharmaceutical industry. Em *The global threat of antibiotic resistance: exploring roads towards concerted action* (p. 11). Uppsala, Sweden: Dag Hammarskjold Foundation.

Moore, J. E., Mahoney, J. F., Schwartz, W., Sternberg, T., & Wood, W. B. (1944). The treatment of early syphilis with penicillin – A preliminary report of 1418 cases. *The Journal of the American Medical Association*, *126*(2), 67-73.

Morais, A. (1945a). Tratamento da sífilis primária pela penicilina. *Jornal do Médico*, *VI*(129), 223-224.

Morais, A. (1945b). Um novo método de administração de penicilina no tratamento da sífilis primária. *Jornal do Médico*, *6*(129), 220-223.

Narciso, A. (1944). Editorial. *Clínica, Higiene e Hidrologia*, *10*(4), 93-94.

Nelson, M. G., Talbot, J. M., & Binns, T. B. (1954). Benthamine penicillin: a new salt with a prolonged action. *British Medical Journal*, *2*(4883), 339-341.

Nogueira, H. P. (1950). Endocardite bacteriana subaguda. *Arquivos do Instituto Bacteriológico Câmara Pestana*, *10*(1), 1-137.

Nogueira, H. P. (1946). Resultados do tratamento pela penicilina nalguns casos de endocardite bacteriana sub-aguda. *Clínica Contemporânea*, *1*(4), 213-223.

Nogueira, J. L. (Ed.). (1957). *Simposium Terapêutico – Enciclopédia de especialidades farmacêuticas* (2.ª Edição). Lisboa: Sociedade Gráfica Nacional, Lda.

Nogueira, J. L., & Almeida, M. A. B. de (Eds.). (1956). *Simposium Terapêutico – Enciclopédia de especialidades farmacêuticas* (1.ª Edição). Lisboa: Editorial Ultramar.

Nogueira, J. L., & Jacquet, J. B. (Eds.). (1958). *Simposium Terapêutico – Enciclopédia de especialidades farmacêuticas* (3.ª Edição). Lisboa: Empresa de Publicidade do Sul.

Nogueira, J. L., & Jacquet, J. B. (Eds.). (1959). *Simposium Terapêutico – Enciclopédia de especialidades farmacêuticas* (4.ª Edição). Lisboa: Gráfica Imperial, Lda.

Nogueira, J. L., & Jacquet, J. B. (Eds.). (1963). *Simposium Terapêutico – Enciclopédia de especialidades farmacêuticas* (7.ª Edição). Lisboa: Tipografia Esmeralda, Lda.

Nogueira, J. L., & Jacquet, J. B. (Eds.). (1966). *Simposium Terapêutico - Enciclopédia de especialidades farmacêuticas* (10.ª edição). Lisboa: Tipografia Esmeralda, Lda.

Nogueira, J. L., & Jacquet, J. B. (Eds.). (1967). *Simposium Terapêutico – Enciclopédia de especialidades farmacêuticas* (11.ª edição). Lisboa: Gráfica Angolana.

Novidades médicas – Penicilina (1944). *Jornal do Médico*, 4(82), 319.

O Fabrico de penicilina em Espanha. (1944, Novembro 10). *Diário da Manhã*, p. 6. Lisboa.

O prémio Nobel deve ser conferido este ano ao Prof. Fleming que descobriu a Penicilina. (1944, Setembro 22). *República*, p. 4. Lisboa.

O prémio Nobel para o descobridor da penicilina. (1944, Setembro 22). *Diário Popular*, p. 17. Lisboa.

Obituary (1979). *British Medical Journal*, 2(6192), 740-741.

Paine, C. G. (1931). The source of infection in a minor outbreak of puerperal fever. *British Medical Journal*, 2(3701), 1082--1083.

Paine, C. G. (1935). The aetiology of puerperal infection. *British Medical Journal*, 1(3866), 243-246.

Para salvar uma criança de sete meses de idade seguiu para Espinho um avião com quarto ampolas de penicilina cedidas pela Cruz Vermelha Portuguesa. (1944, Outubro 7). *Diário da Manhã*, p. 1. Lisboa.

Parascandola, J. (2001). John Mahoney and the Introduction of Penicillin to Treat Syphilis. *Pharmacy in History*, *43*(1), 3-13.

Penella, L. de S. (1945). Os progressos da sifiliterapia. *Imprensa Médica*, *11*(20), 303-314.

Penicilina (1943). *Actualidades e Utilidades Médicas*, *2*, 182-183.

Penicilina em Portugal. (1944). *Jornal do Médico*, *4*(93), 709.

Penicilina: indicações, contra-indicações, modo de administração e posologia da penicilina (1944). *Notícias Farmacêuticas*, *XI*(3-4), 160-164.

Penicillin in battle wounds. (1943). *British Medical Journal*, *2*(4327), 750.

Penicillin: A Wartime Accomplishment. (1945). *Chemical & Engineering News*, *23*(24), 2310-2316.

Penicillin: An Antiseptic of Microbic Origin. (1941). *British Medical Journal*, *2*(4208), 310.

Penicillium. (1942). *The Times*, p. 5. London, UK.

Pereira, A. L., & Pita, J. R. (2005). Alexander Fleming (1881-1955) Da descoberta da penicilina (1928) ao Prémio Nobel (1945). *Revista da Faculdade de Letras*, *6*, 129-151.

Pina, M. E., & Correia, M. (2012). Egas Moniz (1874-1955): cultura e ciência. *História, Ciências, Saúde - Manguinhos*, *19*(Abril-Junho), 431-449.

Pita, J. R. (1999). Um livro com 200 anos: A Farmacopeia Portuguesa (Edição oficial). A publicação da primeira farmacopeia oficial: Pharmacopeia Geral (1794). *Revista de História das Ideias*, *20*, 47-100.

Pita, J. R. (2006). Dos manipulados à indústria dos medicamentos: ciência e profissão farmacêutica em Portugal (1836-1921). Em *História ecológico-institucional do corpo*. Coimbra, Imprensa da Universidade, 2006, 29-50.

Pita, J. R. (2009). *A Escola de Farmácia de Coimbra (1902-1911)*. (M. J. P. F. de Castro, Ed.) (1.ª Edição). Coimbra: Imprensa da Universidade de Coimbra.

Pita, J. R., & Pereira, A. L. (2006). Fleming: história da medicina e saber comum. *Cadernos da Cultura - Medicina na beira interior da pré-história ao século XXI*, (20), 97-100.

Pita, J. R., & Pereira, A. L. (2012). A arte farmacêutica no século XVIII, a farmácia conventual e o inventário da Botica do Convento de Nossa Senhora do Carmo (Aveiro). *Ágora. Estudos Clássicos em Debate*, *14*(1), 227-268.

Pita, J. R., Pereira, A. L., & Granja, P. (2001). A introdução da penicilina em Portugal. *Revista Portuguesa de Farmácia*, *51*, 193-198.

Powers, J. H. (2004). Antimicrobial drug development – the past, the present, and the future. *Clinical microbiology and infection : the official publication of the European Society of Clinical Microbiology and Infectious Diseases*, *10 Suppl 4*, 23-31.

Publicidade à obra «Penicilina - Propriedades, Ensaios e Preparações Galénica» (1950). *Eco Farmacêutico*, *12*(103), 5.

Pulvertaft, R. J. V. (1943a). Bacteriology of war wounds. *The Lancet*, *242*(6253), 1-2.

Pulvertaft, R. J. V. (1943b). Local therapy of war wounds. 1.With penicillin. *The Lancet*, *242*(6264), 339-348.

Queijo, J. (2010). *Breakthough – How the 10 greatest discoveries in medicine saved millions and changed our view of the world*. New Jersey: Pearson Education, Inc.

Quirke, V., & Gaudillière, J.-P. (2008). The era of biomedicine: science, medicine, and public health in Britain and France after the Second World War. *Medical history*, *52*(4), 441-52.

Raper, K. B., & Coghill, R. D. (1943). Correspondence - «Home made» penicillin. *The Journal of the American Medical Association*, *123*(17), 1135.

Regulamento da venda da Penicilina (1945). *Eco Farmacêutico*, *7*(58), 8.

Reid, R. D. (1935). Some properties of a bacterial-inhibitory substance produced by a mold. *Journal of Bacteriology, 29*(2), 215-221.

Reis, A. (1946). Sobre a penicilina em ginecologia e obstetrícia. *Portugal Médico, 30*(4), 147-151.

Reuniões científicas - Clínica de oto-rino-laningologia - Hospital St⁰ António dos Capuchos nº25 e 26 (1945). *Boletim Clínico e de Estatística dos Hospitais Civis de Lisboa, 6*(25-26), 78-85.

Reuniões científicas – Hospital St. António dos Capuchos – Clínica oto-rino-laringológica nº27 (1945). *Boletim Clínico e de Estatística dos Hospitais Civis de Lisboa, 6*(27), 73-76.

Reuniões científicas – Hospital St. António dos Capuchos – Clínica oto-rino-laringológica n.º 28 (1945). *Boletim Clínico e de Estatística dos Hospitais Civis de Lisboa, 6*(28), 45-47.

Revista dos jornais (1944). *Clínica, Higiene e Hidrologia, 10*(4), 113--132.

Revista dos jornais de medicina (1944). *Lisboa Médica, 21*, 384--391.

Revista dos jornais de medicina (1944). *Lisboa Médica, 21*, 586--590.

Revista dos jornais de medicina – Acção da penicilina na sífilis tardia (1944). *Lisboa Médica, 21*, 589-590.

Revista dos jornais de medicina – Tratamento pela penicilina da sífilis precoce (1944). *Lisboa Médica, 21*, 586-588.

Revista dos jornais de medicina – Tratamento pela penicilina da sífilis precoce (1944). *Lisboa Médica, 21*, 588-589.

Revista dos jornais de medicina – Uso clínico da penicilina (1944). *Lisboa Médica, 21*, 386-387.

Revista dos jornais de medicina – Uso clínico da penicilina: Observação em 100 casos (1944). *Lisboa Médica, 21*, 384-386.

Richards, A. N. (1943). Penicillin – Statement released by the Committee on Medical Research. *The Journal of the American Medical Association, 122*(4), 235-236.

Richardson, R. (2001). Heatley's vessel. *The Lancet*, *357*(9264), 1298.

Rico, J. T. (1944a). Progressos na quimioterapia: fungos e bactéria. *A Medicina Contemporânea*, *62*(Fevereiro), 33-44.

Rico, J. T. (1944b). Progressos na quimioterapia: fungos e bactérias. *Jornal da Sociedade das Ciências Médicas de Lisboa*, *108*(1-3), 5-37.

Rieder, P., Pereira, A. L., & Pita, J. R. (2006). *História Ecológico--Institucional do Corpo* (1.ª edição). Coimbra: Imprensa da Universidade de Coimbra.

Rigal, C. S. (2008). Neo-clinicians, clinical trials, and the reorganization of medical research in Paris hospitals after the Second World War: the trajectory of Jean Bernard. *Medical history*, *52*(4), 511-34.

Robinson, G. L. (1947). Penicillin in general practice. *Postgraduate Medical Journal*, *23*(256), 86-92.

Romansky, M., & Rittman, G. (1944). A method of prolonging the action of penicillin. *Science*, *100*(2592), 196-198.

Ruah, M. (1946). Resultados do tratamento da gnorreia aguda no homem pela associação penicilina-sulfamida - Sobre os primeiros 100 casos consecutivos. *Clínica Contemporânea*, *1*(8), 477-478.

Ruggy, H. G. (1946). Recent Advances in Pharmacology and Materia Medica. *The Ohio Journal of Science*, *46*(4), 208-210.

Santos, C. A. D. dos. (2011). *História da Universidade do Porto* (2.ª Edição). Porto: Universidade do Porto Editorial.

Santos, M. S. dos. (1944a). Actualidades terapêuticas – Penicilina e produtos similares. *Boletim Geral de Medicina*, *26*(1-12), 38-47.

Santos, M. S. dos. (1944b). Penicilina e produtos similares. *Notícias Farmacêuticas*, *10*(9-10), 505-521.

Santos, M. S. dos. (1944c). Preparação de penicilina. *Notícias Farmacêuticas*, *11*(3-4), 146-159.

Santos, M. S. dos. (1945). Aferição da penicilina. *Boletim da Escola de Farmácia da Universidade de Coimbra*, *5*, 42-59.

Santos, M. S. dos. (1947). *Formas farmacêuticas de penicilina* (1ª Edição.). Coimbra: Escola de Farmácia da Universidade de Coimbra.

Saxon, W. (1999). Anne Miller, 90, first patient who was saved by penicillin. *The New York Times*. New York.

Schonwald, P. (1944). A New Era in the Fight Against Microbes. *Chest*, *10*(1), 41-46.

Schurr, P. H. (2005). The evolution of field neurosurgery in the British Army. *Journal of the Royal Society of Medicine*, *98*(9), 423-427.

Shama, G. (2008). Auntibiotics: the BBC, penicillin, and the Second World War. *British Medical Journal*, *337*(7684), 1464-1466.

Substancias bactericidas extraídas dos fungos (1943). *Jornal do Médico*, *3*(61), 299.

Silva, J. P. da. (2011). Recordando Maria Serpa dos Santos. *Revista da Ordem dos Farmacêuticos*, *17*(98), 71.

Stewart, I. (1948). *Organizing Scientific Research for War The Administrative History of the Office of Scientific Research and Development* (1st ed.). Boston: Little, Brown and Company.

Stewart, J. (2008). The political economy of the British National Health Service, 1945-1975: opportunities and constraints? *Medical history*, *52*(4), 453-70.

Stokes, J. H., Sternberg, T. H., Schwartz, W. H., Mahoney, J. F., Moore, J. E., & Wood, W. B. (1944). The action of penicillin in late syphilis. *The Journal of the American Medical Association*, *126*(2), 73-80.

Surgeon general Kirk issues statement on penicillin. (1943). *The Journal of the American Medical Association*, *123*(15), 974.

Tager, M. (1976). John F. Fulton, coccidioidomycosis, and penicillin. *The Yale journal of biology and medicine*, *49*(4), 391-8.

The clinical use of penicillin. (1943). *Bumed News Letter*, *1*(2), 10-11.

The future of penicillin. (1946). *British Medical Journal*, *2*(4476), 581-582.

The Penicillin Position. (1943). *British Medical Journal*, *2*(4312), 269--270.

Thomas, E. W. (1949). Rapid treatment of syphilis with penicillin. I. A survey of the problem. *Bulletin of the World Health Organization*, *2*(17), 233-248.

Um caso de cura dum fleimão gasoso pela penicilina. (1944, Novembro 18). *Diário de Lisboa*, p. 5. Lisboa.

Uma maravilha da medicina moderna – A Penicilina (1944). *Jornal do Médico*, *4*(76), 121.

Valier, H., & Timmermann, C. (2008). Clinical trials and the reorganization of medical research in post-Second World War Britain. *Medical history*, *52*(4), 493-510.

Veio de Inglaterra a primeira dose de penicilina chegada a Portugal (1944, Julho 15). *Diário de Lisboa*, p. 4. Lisboa.

VI Curso de Férias da Escola de Farmácia da Universidade de Coimbra (1945). *Notícias Farmacêuticas*, *11*(9-10), 393-403.

Vida Universitária. O VI Curso de Férias da Escola de Farmácia. (1944, 5 de Agosto). *Gazeta de Coimbra*, p. 1. Coimbra.

Vieira, J. V. (1956). Um problema nacional – A mortalidade infantil I. *Boletim dos Serviços de Saúde Pública*, *3*(2), 199-219.

Wainwright, M. (1987). The history of the therapeutic use of crude penicillin. *Medical History*, *31*(1), 41-50.

Wainwright, M. (1989). Moulds in ancient and more recent medicine. *Mycologist*, *3*(1), 21-23.

Wainwright, M. (1990). *Miracle cure – The story of penicillin and the golden age of antibiotics*. Oxford.

Wainwright, M., & Swan, H. T. (1986). C. G. Paine and the earliest surviving clinical records of penicillin therapy. *Medical History*, *30*(1), 42-56.

Waller, J. (2004). *Fabulous science: fact and fiction in the history of scientific discovery.* Oxford: Oxford University Press.

Wayne, E. J., Colquhoun, J., & Burke, J. (1949). The use of procaine penicillin with aluminium monostearate in adults. *British Medical Journal, 2*(4640), 1319-1322.

Whitby, L. (1948). The Changing Face of Medicine. *British Medical Journal, 2*(4565), 2-6.

Willcox, R. R. (1962). Treatment of early venereal syphilis with antibiotics. *British Journal Of Venereal Diseases, 38*(3), 109-125.

Willcox, R. R. (1967). Fifty Years since the Conception of an Organized Venereal Diseases Service in Great Britain: The Royal Commission of 1916. *British Journal Of Venereal Diseases, 43*(1), 1-9.

Woodhall, B., Neill, R. G., & Dratz, H. M. (1949). Ultraviolet radiation as an adjunct in the control of post-operative neurosurgical infection. II Clinical expirience 1938-1948. *Annals of Surgery, 129*(6), 820-824.

Worthen, D. (2003). American pharmaceutical patents from a historical perspective. *International Journal of Pharmaceutical Compounding, 7*(6), 36-41.

Wyatt, H. V. (1990). Robert Pulvertaft's use of crude penicillin in Cairo. *Medical History, 34*(3), 320-326.

Zamith, L. de M. (1947). Aquisições recentes da urologia. *Coimbra Médica, 14*(7), 361-379.

ÚLTIMOS TÍTULOS PUBLICADOS

1 - Ana Leonor Pereira; João Rui Pita
[Coordenadores]
— *Miguel Bombarda (1851-1910) e as*
singularidades de uma época (2006)

2 - João Rui Pita; Ana Leonor Pereira
[Coordenadores]
— *Rotas da Natureza. Cientistas,*
Viagens, Expedições e Instituições
(2006)

3 - Ana Leonor Pereira; Heloísa Bertol
Domingues; João Rui Pita; Oswaldo
Salaverry Garcia
— *A natureza, as suas histórias e os seus*
caminhos (2006)

4 - Philip Rieder; Ana Leonor Pereira; João
Rui Pita
— *História Ecológico-Institucional do*
Corpo (2006)

5 - Sebastião Formosinho
— *Nos Bastidores da Ciência - 20 anos*
depois (2007)

6 - Helena Nogueira
— *Os Lugares e a Saúde* (2008)

7 - Marco Steinert Santos
— *Virchow: medicina, ciência e*
sociedade no seu tempo (2008)

8 - Ana Isabel Silva
— *A Arte de Enfermeiro. Escola de*
Enfermagem Dr. Ângelo da Fonseca
(2008)

9 - Sara Repolho
— *Sousa Martins: ciência e*
espiritualismo (2008)

10 - Aliete Cunha-Oliveira
— *Preservativo, Sida e Saúde Pública*
(2008)

11 - Jorge André
— *Ensinar a estudar Matemática*
em Engenharia (2008)

12 - Bráulio de Almeida e Sousa
— *Psicoterapia Institucional: memória*
e actualidade (2008)

13 - Alírio Queirós
— *A Recepção de Freud em Portugal*
(2009)

14 - Augusto Moutinho Borges
— *Reais Hospitais Militares em*
Portugal (2009)

15 - João Rui Pita
— *Escola de Farmácia de Coimbra*
(2009)

16 - António Amorim da Costa
— *Ciência e Mito* (2010)

17 - António Piedade
— *Caminhos da Ciência* (2011)

18 - Ana Leonor Pereira, João Rui Pita e
Pedro Ricardo Fonseca
—*Darwin, Evolution, Evolutionisms*
(2011)

19 - Luís Quintais
— *Mestres da Verdade Invisível* (2012)

20 - Manuel Correia
— *Egas Moniz no seu labirinto* (2013)

21 - A. M. Amorim da Costa
— *Ciência no Singular* (2014)

22 - Victoria Bell
— *Penicilina em Portugal (anos 40-50*
do século XX): receção, importação e
primeiros tratamentos (2016)

23 - Aliete Cunha-Oliveira
— *Para uma História do VIH/Sida em*
Portugal e dos 30 anos da epidemia
(1983-2013) (2017)

24 - Rui Manuel Pinto Costa
— *Ricardo Jorge.*
Ciência, humanismo e modernidade
(2018)

9789892613116